THOMAS KÄSBOHRER

EINMAL MÜNCHEN – ANTALYA, BITTE.

Von der Kunst,
langsam übers Meer zu reisen.

millemari.

Widmung.

Dieses Buch wäre nicht denkbar ohne die Menschen, die mich prägten, förderten, ermutigten. Meiner Mutter, die mir die Liebe zum Kochen und Reisen beibrachte und der es nicht vergönnt war, beides so zu leben, wie sie es wollte. Meiner Großmutter, die mich Freiheit und Verstehen spüren ließ. Meinem Freund Andal für die guten Gedanken, die wir tauschten, unser Leben lang. Sven für die Liebe zu Booten. Katrin für ihre Geduld. Susanne für ihre Kraft und ihren unerschütterlichen Glauben.

Inhalt.

TEIL I.
ABLEGEN UND LOSLASSEN.

OSTERREICH
SLOVENIJA
Udine
Verona
Grado
Trieste
Venezia
Izola
Bologna
Ravenna
Firenze
S.M.
Ancona

Die Route.

Izola
Von Izola nach Grado

„Die Abenteuer beginnen,
wenn wir unser Zuhause verlassen.“

Blaise Pascal

Ablegen.

Im Hellblau des Himmels leichte weiße Schlieren. Ich stehe in Izola, in Slowenien, auf der Pier, „Pontile C 26“. Mein Liegeplatz mit LEVJE die letzten fünf Jahre. Es ist Mittwoch, der 21. Mai 2014. Kurz vor 13 Uhr.

Ich habe eben noch einmal eine Runde an Deck gedreht. Ich weiß nicht, die wievielte. Kontrolliere Leinen und Fender, dies und das. Ich schaue den Mast hinauf, der vor wenigen Tagen noch zerlegt neben mir auf der Betonmole lag. Haben wir alles richtig montiert und wieder zusammengebaut? Zwei Terminals waren gebrochen, die wichtigsten Teile. Die, die dafür sorgen, dass der Mast aufrecht stehen bleibt, in Wind und Wellen. Wenn der Wind besonders stark bläst und man seine ungeheure Wucht spürt: dann denkt der Segler an seinen Mast. Dass er aufrecht stehen bleibt. In jeder Situation. Sicherheitshalber habe ich mit Sven, meinem Freund, Maschinenbauer, der mir bei meinen Vorbereitungen half, alle Terminals ausgetauscht und neue montiert. Und Wanten und Stagen, fingerdicke Drahtseile, die den Mast nach allen Seiten abstützen, auch gleich erneuert.

Ich sehe nach dem Bootshaken. „Mezzo Marinaio“ nennen ihn die Italiener liebevoll – „halber Seemann“. Er liegt bereit, um mich abzuhalten, wenn ich beim Ablegen einem anderen Boot zu nahe kommen sollte. Oder sich einer der

Festmacher, die mich noch mit dem Land verbinden, beim Einholen verklemmen sollte.

Ich schaue mich einmal um. Eine Möwe zieht kreischend eine Bahn durch die Gasse zwischen den vertäuten Schiffen. Alles bereit. Alles klar. Ich bin bereit. Und LEVJE, mein Schiff, ist es auch. Es ist Zeit, loszufahren.

Ich gehe zurück ins Cockpit. Beuge mich hinunter, da wo links der Zündschlüssel steckt, unter der Sitzbank. 15 Jahre habe ich von genau diesem Moment geträumt. Eine kurze Drehung des Zündschlüssels. Ein durchdringendes Jaulen erklingt: die Warnung, dass Wasserkühlung und Öldruck meines Dieselmotors nicht funktionieren. Das ist normal: Als LEVJE gebaut wurde, in der zweiten Hälfte der Achtzigerjahre, baute man das noch ein. Ein lauter, heulender Ton. Ich drücke den Knopf für den Anlasser. Ein kurzes Bullern, der Ton verschwindet – und dann ist er da, der Motor. Sachte wummernd springt er an, ich spüre das Vibrieren im Boot, sehe, wie der oberste Relingdraht des Seezauns wie eine Gitarrensaite schwingt, höre, wie das Kühlwasser an LEVJEs Heck ins Wasser platscht. Alles nehme ich in ein und demselben Moment auf, im Bruchteil einer Sekunde, wahrscheinlich 50, 70 Eindrücke, Sinneswahrnehmungen gleichzeitig, die mir doch nur das Eine signalisieren. Alles normal. Alles bereit.

Ich lasse den Motor einen Moment laufen. Höre ihm weiter zu bei der Arbeit. Ob er rund läuft. Ob gleichmäßig Kühlwasser aus LEVJEs Auspuffrohr am Heck quillt. Ich nehme LEVJEs Holzpinne in die Hand. Sie lässt sich frei bewegen, das Ruder auch, ich bewege es einmal nach jeder Seite.

Ich schaue mich um. Schaue mich um, ob gerade noch jemand anderer dabei ist abzulegen, im selben Moment, und mir in die Quere kommen könnte. Alles frei. Schaue nach dem Verklicker ganz oben im Mast, der mir sagt, aus welcher Richtung der Wind weht. Leichter Nordwest, also genau von vorn. Ich beuge mich hinunter zur Grundleine auf LEVJEs

Steuerbordseite. Ich betrachte sie kurz, die kleine schwarze Markierung darauf, die mir immer sagte, wie ich LEVJE im richtigen Abstand zur Pier festmachen muss, damit sie vom Jugo, vom Südwind, nicht auf die Pier gedrückt wird. Fünf Jahre hat sie mein Schiff sicher an seinem Platz gehalten, sicheren Halt gegeben, ob in der böigen Bora Istriens oder in den heftigen Gewittern, wie sie in der Nordadria üblich sind. Ich löse den Knoten. Und werfe die Grundleine los. Sie platscht ins Wasser, sinkt auf den Grund, ich sehe ihr langsam nach, bis ich sie kaum mehr sehen kann im Blaugrüngrau und ihre Umrisse in der Tiefe verschwinden.

Dann gehe ich nach vorne. Steige über den Bugkorb auf die Pier. Irgendwie ist alles eingeübt, eingebrannt sind die Abläufe in fünf Jahren. Beuge mich hinunter, löse langsam erst den einen Festmacher. Ich halte LEVJE noch kurz, die Festmacher waren kurzstag, unter Spannung, damit sie mir nicht auf das Nachbarboot vertreibt. Dann löse ich den anderen Festmacher, halte LEVJE kurz fest. Und steige über. LEVJE entfernt sich langsam, ganz langsam, von der Pier: Die zweite Grundleine am Heck verleiht ihr etwas Fahrt, zieht sie hinaus, hinaus aus der Box. Ich löse die letzte Verbindung, die uns hält. Ziehe uns an der Grundleine drei, vier Meter aus unserer Box, hinein in die Boxengasse, werfe auch die letzte Verbindung über Bord. LEVJE ist frei.

Ich beuge mich hinunter, nach rechts, zum Schalthebel, lege vorsichtig den Rückwärtsgang ein. Ein Schlag, in dem sich der Faltpropeller entfaltet. Langsam, erst langsam, dann schneller, immer schneller gleitet LEVJE aus ihrer Box. Wir drehen rückwärts ein in die Boxengasse. Noch mal ein Blick nach vorn. Alles frei. Wieder beuge ich mich zum Schalthebel, stoppe die Rückwärtsfahrt, indem ich den Vorwärtsgang einlege. Bremsen gibt es nicht auf einem Boot, niemals steht ein Boot ganz still, immer ist es in Bewegung, selbst fest vertäut. Langsam schiebt sich LEVJE nach vorn, richtet ihre Nase in die Mitte der Boxengasse. Das Boot meiner

Nachbarn, die ALICE LA MERAVIGLIOSA von Reijko und Vlasta, der Wunderbaren, bleibt langsam zurück.

Der Schornstein der alten Fabrik liegt rechts von uns. Ein uralter Schornstein, vielleicht sogar noch aus der Zeit, bevor Planwirtschaft und jugoslawischer Sozialismus in Istrien einzogen. Der Schornstein. Man sieht ihn, wenn man Izola ansteuert, schon von Weitem übers Meer. Wenn man weit draußen auf ihn zuhält, steuert man genau auf die Einfahrt des Hafens von Izola zu. Ein alter Fabrikschornstein, der mir immer die Richtung wies, nach einem Wochenende in den Lagunen, traurig, weil ich wieder heim musste und goldene Tage abrupt endeten.

Ich biege langsam nach links ein, in die Hauptgasse. Lasse den Schornstein hinter mir liegen. Das beruhigende Sirren der Welle, die Motor und Schiffsschraube verbindet. Ich stehe aufrecht, damit ich über die Sprayhood hinwegsehen kann, nach vorne schauen kann, ob alles frei ist. Zwei Männer auf der Pier blicken kurz von ihrer Arbeit auf. Ich halte fest die Pinne in der Hand. Ich steuere mein Boot.

Ablegen. Sein eigenes Boot hinaussteuern: Dieser Moment hat mich stets mit unbändiger Freude und mit Stolz erfüllt. Ablegen. Es ist viel, was in den Momenten des Ablegens in mir vorgeht. Das Auf-mich-allein-gestellt-Sein. Nicht mehr auf der Pier stehen, vom vermeintlich sicheren Ufer aus anderen Booten zusehen mit einem „Das-möcht-ich-auch-mal". Sondern ablegen. Eine Pinne, ein Ruder in der Hand halten, ein Schiff, sein Schiff zu steuern, ist etwas Besonderes. Mein Leben mit all seinen 100.000 Möglichkeiten, wohin ich jetzt gehen, was ich jetzt tun, schaffen, werden könnte: Es ist in meiner Hand.

Wir drehen in die Hauptgasse ein. Hier, im Innenteil der Außenmole liegen die großen, schmucken Yachten. An Ihnen vorbeizufahren ist immer ein Vergnügen. Die uralte WIEN, ein alter Dampfer aus der Kaffeehauszeit. SUNNY SIDE UP und CUORE MATTO, das verrückte Herz. Schiffe sind wie uralte Bekannte. Ein Schiffsname steht für die Geschichte, für die Sehnsüchte seines Eigners. Izolas zwei Kirchtürme liegen vor mir, ich steuere fast genau auf sie zu. Der kleine, geduckte im alten Ort. Der große, jüngere oben auf dem Hügel. Beide mit venezianischer Turmspitze, so wie überall in Istrien, wo die Venezianer ihre Kirchtürme errichteten in hoch aufragendem, massigem Stil, genauso wie den von San Marco: Damit jeder, der von See kam, wenn er auf die Küste, aufs Land blickte, schon von Weitem wusste: „Dies ist das Meer Venedigs." „Il Golfo di Venezia", wie in jahrhundertealten Seekarten dieses Meer bis hinunter nach Griechenland hieß.

Ich beschleunige LEVJEs Fahrt jetzt etwas. Jemand, der mir von der Pier etwas zuruft. Vor dem Ort der alte Hafen. Und das Feld der Bojenlieger. Ich lasse es rechts liegen, lege die Pinne nach rechts, LEVJE dreht langsam nach links ein um den Molenkopf, es ist eine majestätische Bewegung, auch wenn hier ein kleines Schiff eindreht, immer weiter. Ich fahre einen U-Turn, den das Fahrwasser um die Außenmole herum vorgibt. Und plötzlich liegt es vor uns: das offene Meer.

„Jadransko more", nennen es die Slowenen. „Akdeniz" nennen die Türken es da, wo ich hin will. Die roten Fahrwassertonnen liegen rechts von uns, eine nach der anderen gleitet an uns vorbei, voraus die Klippen von Strunjan, gleißend sandfarben, noch vier, noch drei, noch zwei, noch eine rote Tonne. Und dann sind wir draußen.

Meine Reise hat begonnen.

Rückblende: Loslassen.

Während ich im Bus sitze von München nach Izola, neben meinem Seesack, ist er wieder da, der Gedanke. Mehr als 15 Jahre sind vergangen, seit etwas in mir zum ersten Mal den Wunsch formulierte: Ich. Möchte. Segeln. Gehen. Mindestens ein halbes Jahr.

1998 zum ersten Mal auf einem Dickschiff: Keine Ahnung von Tuten und Blasen. Kaum waren wir aus dem Hafen von Marmaris heraus, brach aus mir, ich weiß nicht wie: ein Jubel, verdichtet zu einem langen, lauten Schrei, während ich alleine am Vorstag, am Bug des Schiffes stand. Es war wie ein jubelndes „Ich-bin-da", überrascht davon, wie schön es ist, auf dem Meer unterwegs zu sein. Etwas war erwacht und ich war angekommen. Ich wusste: Es würde mich nie mehr verlassen in diesem Leben. Ich hatte etwas gefunden: eine einfache, tiefe Freude über das Auf-dem-Meer-Sein.

Noch auf dieser allerersten Reise beschloss ich, mein Leben zu ändern. Segeln zu gehen. Mindestens ein halbes Jahr. Und so viel Zeit wie möglich auf dem Wasser zu verbringen. Aber: Kann man das? Darf man das? Einfach alles abbrechen, einfach verschwinden für ein halbes Jahr?

Glück ist: Mit den Menschen zu leben, die du liebst. Mit der Arbeit, die dich erfüllt. An dem Ort, an dem du zu Hause bist. Eigentlich ganz einfach. All das hatte ich in meinem

Leben. Und doch. Da war dieser Traum. Morgens beim Aufwachen die Farbe des Meeres, das Blaugrüngrau der nördlichen Adria vor Grado an einem Sommermorgen. In langweiligen Meetings minutenlang mir die Farbe des Meeres vorstellen, mich wegbeamen, wie brechende Wellenkämme zu durchscheinendem Glas werden, wenn die tief stehende Sonne bei höheren Windstärken durch sie hindurchscheint. Die Gewichte, die in einem glücklichen Leben an mir hingen, nicht mehr zu spüren.

Darf man das? Einfach einem Traum folgen? Nur weil er immer wiederkehrt? Darf man ein Leben grundlegend ändern? Beziehung, einen Beruf, den man liebt, einfach liegen lassen? Eine Frau, die man liebt, einfach zurücklassen? Ein Zuhause, das man liebt, verlassen?

Die Jahre vergingen. Und mein Leben war wie das Land, in dem ich lebte. In dem so oft Wichtiges mit Unwichtigem, Wertvolles mit Wertlosem verwechselt wird. In dem zu gerne vergessen wird, was Beachtung verdient, und Beachtung erhält, was dem Vergessen gehört. In dem die Gewissheit, dass alles so bleibt, trügerisch ist. Mein Traum: Er blieb. Die erste Bootsbeteiligung an einem Schiff im Mittelmeer, von sechs Wochen Urlaub mindestens sechseinhalb auf dem Meer verbringen … Es reichte nicht. Zeitweilig drei Schiffe besitzen, eines auf den Seen: Es reichte nicht. Der Hunger wuchs, je mehr ich aß. Die Winter waren lang und öde. Hätte es nicht die Bücher gegeben, darüber, wie es ist, auf dem Meer zu segeln und an genau diesem unwirtlichen Ort Frieden zu finden, ich hätte es kaum ertragen. Das Feuer: Es glomm unter der Asche.

Es dauerte 15 Jahre, bis es so weit war. Mein Leben, es hatte mich dahin getragen, wo mein Traum es hin haben wollte. Mein eigenes kleines Schiff, LEVJE, lag bereit im Hafen. Ich hatte 15 Jahre davon geträumt. Mein Arbeitgeber sagte nach 22 Jahren: „Ich brauche dich nicht mehr.“ Ich wusste: Jetzt war es so weit. Jetzt würde ich Segeln gehen.

Darf man das? Etwas folgen, das ein Traum ist? Einfach ausscheren? Ein ganz anderes Leben leben?

Ich werde es herausfinden. Auf einem Seeweg, der Jahrtausende alt ist. An Küsten, an denen Menschen der Steinzeit in kleinen Schilfbooten schon vor 12.000 Jahren aus groben Händen Harpunen schleuderten, um zu überleben. In Buchten, in denen minoische Händler feilschend Siedlungen und Werkstätten errichteten. An Flussmündungen, in denen phönizische Händler aus Tyros ihre schweren Holzschiffe an Land gezogen hatten. An Inseln, an denen dickbauchige römische Getreideschiffe voller Amphoren zerschellt waren. In Meerengen, in denen venezianische und türkische Galeeren sich jahrhundertelang Scharmützel lieferten. Auf einer Route, auf der alle unterwegs waren, alle von Anbeginn der Zeit: Fischer und Feilscher, Händler und Hökerer, Heilige und Kreuzritter, Piraten und Philosophen. Genau hier wollte ich unterwegs sein. Auf dem Seeweg von den Alpen, durch die der Bus gerade rollt, bis dorthin, woher in Antike und Mittelalter Wissen und Reichtum und Rätsel herkamen, als es noch nichts anderes gab, wohin man hätte blicken können: in den Osten.

Ich sitze im Bus neben meinem Seesack. Ich weiß nicht, was mich erwartet auf meiner Reise. Ich weiß nur, dass ich heute Abend einschlafen werde, auf LEVJE im Hafen von Izola.

Die vergessenen Orte:
Izola, Slowenien.
Oder: Ein Abschied.

Wie so oft hatte es das Leben entschieden und nicht ich: Auf unserer allerersten Reise auf LEVJE waren wir die istrische Küste hinuntergesegelt. Zum ersten Mal auf einem Boot im Mittelmeer, das mir gehörte. Wir fühlten uns mutig, als wir zum ersten Mal draußen ankerten, vor den glamourösen Lichtern der Hotels, Casinos und Nachtclubs von Portoroz – und nicht im Hafen. Und ängstlich, als genau in jener ersten Nacht ein Gewitter über uns aufzog.

„Was für eine blöde Idee, genau vor dem Hafen zu ankern, wär ich doch bloß ..." Mutig, als wir nach überstandenem Gewitter nur noch draußen ankerten. Mutig, als wir zum ersten Mal über den Quarner segelten, über den großen Meeeresarm, der die kroatischen Inseln vom nördlichen Festland trennt, nach Cres. Und dort auf LEVJE in einer einsamen Bucht ankernd zehn Tage und Nächte blieben. Ein kleiner Küstenstreifen, ein Paradies, das wir uns nur mit zwei Schlauchboot-Leuten teilten im Schatten der Olivenbäume, an denen an langen Schnüren Muscheln hingen. Nichts fehlte.

Das Leben: Es war unglaublich gut.

Auf dem Rückweg stellte sich die Frage: „Wo LEVJE über den Winter lassen? Wo bleiben?“ Italien war Land unserer Wahl, wegen Sprache und Küche und Wein. Aber je weiter wir im späten August nach Norden kamen, umso zugeknöpfter waren die Häfen um Monfalcone und Triest, umso unattraktiver erschien uns der „Porto Turistico“ von Lignano. Wohin? Am Ende sagte Izola ja. Und da waren wir dann.

In Izola gab es auf der Uferpromenade drei Restaurants. Die Spaghetti Frutti di Mare schmeckten, als wären sie in der Waschmaschine bei 90 Grad gewaschen. Antipasti? Gab es nicht. Und wenn, dann war's zäh gekochter Tintenfisch mit etwas Käse drüber gerieben. „Hobotnica“, stand auf der Karte. Rund um uns nur Slowenen. Die paar Italiener, die sich über die Grenze verirrt hatten, rückten schnell wieder ab. „Wir bleiben erst mal für ein Jahr. Und dann gehen wir nach Italien“, sagte Katrin. Und beide jammerten wir Italien hinterher.

Hinzu kamen meine Bootsnachbarn. Man hatte uns in die lauteste Ecke des Hafens von Izola gesteckt, unter laute Slowenen, die lärmend lachten, Männlein und Weiblein, die betrunken auf dem Steg feierten und tanzten, wenn die Sonne weg war, und morgens, wenn die Tramonta ihre Kaltluft wie aus einer Trillerpfeiffe über den Hafen von Izola presste. Merkwürdig. Zu allem Unheil hatte man LEVJE neben die Lautesten im Hafen gelegt: Rejko und die wie ein Schlot unentwegt qualmende Vlasta. Sie lärmten fröhlich mit ihren Gästen neben LEVJE. Bis es mir eines Nachts zu bunt wurde. Ich den Motor startete und samt schlafender Katrin einfach ablegte und mich in der Dunkelheit in eine andere, ruhigere Ecke des Hafens verholte.

Die Sprache war uns fremd. Die Menschen. Das Essen. Nicht, was wir gewollt hatten. Irgendwann stellte ich fest, dass Rejko und Vlasta Italienisch sprachen – wie die meisten Bewohner Istriens. Sie behandelten mich nach meinem nächtlichen Manöver respektvoll, nein, nicht deswegen. Sondern weil ich immer noch da war, nicht Ärger gemacht hatte im Marina-Büro wie alle anderen vor mir. Die Slowenen rund um Rejko und Vlasta nickten mir freundlich zu. Ich hatte meine Feuertaufe bestanden, war angekommen. Von da an reichte es, wenn Rejko und Vlasta samt Sippe mal wieder bis Zwei ihr fröhliches „Eii jeiii jeiii jeeeeiiiii jeeii jeeii“ in die Nacht gröhlten, wenn ich einfach nur an LEVJEs Deck erschien und „Per favore“ sagte. Rejko verschluckte sich dann am Rotwein und Vlasta schwieg qualmend sofort still hinter schweren Brillengläsern. Slowenien begann, uns zu gefallen.

Und nicht bloß wegen Rejko und Vlasta. Izola war nett, vergessen von Zeit und Welt und Wirtschaft. Wie man das Wort „Einkaufszentrum“ schrieb, war unbekannt. Am Samstag war Bauernmarkt und wir merkten, dass wir die Oma, die ihre Ernte der letzten Woche, eine Kiste Tomaten, Spinat, Knoblauch dort anbot, mehr liebten als den fahrenden Händler neben dran mit einem Angebot, wie wir es aus Deutschland kannten. Wir gingen mit Vorliebe am Samstag ins „Suzie Cafe“, um zu frühstücken. Unser Essen durften wir mitbringen, denn außer zu Trinken gab es im „Suzie Cafe“ nichts. Dort saßen am Morgen Fischer, Rentner und Arbeiter über ihrem zweitem Glas Wein, aus dem Cafe erscholl fröhliche Humptata-Humptata-Musik und die Oma kam vom Markt, um lärmend ihren Prosecco zu leeren. Den wievielten weiß ich nicht. Nettes Land.

Wir kamen uns näher. Schritt für Schritt. „Wann fahren wir eigentlich wieder nach Izola?“, fragte Katrin, wenn es Frühjahr wurde. Slowenien begann uns zu interessieren: Vollmitglied der EU seit 2004. Weniger Einwohner als der Großraum München. Aber so groß wie Hessen. Mit einer Meeresküste von 46,6 Kilometer Länge. Und ganzen vier Hafenstädten. Unter Europäern ist Slowenien so gut wie unbekannt. Es wird bestenfalls mit der Slowakei verwechselt. Bis 2008 war Slowenien ein Musterknabe in der EU mit besten Wirtschaftszahlen. Vor Jahren ist das Land unter den EU-Rettungsschirm geschlüpft, die Angst geht um bei meinen Bootsnachbarn, allesamt gesetzte, ältere Slowenen. Wenn ich mit Vlasta darüber rede, wie es in Slowenien geht, dann ruft Rejko aus dem Inneren von ALICE LA MERAVIGLIOSA hoch: dass er es nicht hören mag.

Die Party, die wir jedes Wochenende auf unserem Steg erlebt hatten, findet nur noch selten statt. Mittlerweile ist es leise geworden, gefeiert wird nicht mehr so oft. Es ist alles bescheidener geworden auf dem „Pontile C". Der Fabrikbesitzer aus Kranj im Norden Sloweniens, der vor ein paar Jahren im Vollrausch seinen nagelneuen A5 vor meinen Augen im Hafenbecken versenkte – der Audi schwamm tatsächlich ein paar Minuten an der Wasseroberfläche, der luftgefüllte Kofferraum hielt ihn in fragilem Gleichgewicht. Als der platzend aufging, sank er auf mehrere Meter Wassertiefe, mit eingeschaltetem Fernlicht, das den Grund leuchtend blau erleuchtete und nach fünf Minuten erlosch, zwei Koffer schaukelten noch friedlich an der Wasseroberfläche – aber das ist eine andere Geschichte vom Meer! – der Fabrikbesitzer hat seine Grand Soleil vom Steg an die viel günstigere Boje im Hafen verlegt. Als ich ihn neulich traf, sagte er, er wisse jetzt wieder, was das Brot im Laden koste. Der Stuhlfabrikant hat Krach mit den Bootsnachbarn, weil er Leute entlassen musste. Rejko und Vlasta trinken kaum noch. Vlasta hat nach schwerer Krankheit das Rauchen aufgegeben. Von einem Tag auf den anderen. Und joggt jeden Morgen drei Kilometer. Wiegt nur noch die Hälfte. Sieht aus wie ein Model.

Und wie die Menschen, so hat sich auch das alte Izola in der Krise der letzten Jahre gewandelt. Vor 100 Jahren war es einfach ein bettelarmer Fischerort, einstiges Venedig, dahindämmernd wie seine einstige Beherrscherin. Nach dem zweiten Weltkrieg dem Staatenbund verschiedener Balkan-Ethnien namens Jugoslawien zugeschlagen. In der Planwirtschaft „Erholungsort" – mit zu erfüllenden Planzahlen. Und daraus wurde, was wir 2009, nur wenige Kilometer von Italien, antrafen: Keine gute Pasta. Kaum guter Wein. Postsozialistische Urlaubsatmosphäre mit muffigem Essen. Und muffligen Kellnern. Urlaubsort für die Hauptstädter aus dem eine Autostunde entfernten Lubljana.

Heute gibt es in Izola ein wunderbares Weinlokal und mindestens zwei Restaurants, deren Betreiber Berufsfischer sind, die darin kein Auskommen mehr fanden. Und die heute ihren eigenen, am Vortag gefangenen Fisch (und keine Aquakultur) auf den Tisch bringen. Ich bin sicher, dass die fast 50 Kilometer Küste in zehn Jahren ein sehr begehrtes Fleckchen sein werden. Es ist – von München und Wien aus gesehen – tatsächlich die kürzeste Distanz zum Mittelmeer, die man fahrtechnisch zurücklegen kann: 500 Kilometer.

Nun breche ich auf. Was ich von Slowenien mitnehme? Wie folgt: Die erfolgreichsten slowenischen Exportartikel:

Slavko Avsenik und seine Original-Oberkrainer.

Kennt man den noch? Aber ja, war doch in jedem Musikantenstadel. Und ist typisch für das Humptata, das einem an jeder Ecke Sloweniens um die Ohren fliegt. Musikalisch betrachtet IST Slowenien ein Musikantenstadel.

Giuseppe Tartini.

Naja. Im 18. Jahrhundert in Piran geboren, das wie die ganze Küste von den Venezianern weniger „beherrscht“ als vielmehr wirtschaftlich „verwertet“ wurde.

Slowenischer Honig.

Als Exportartikel noch unentdeckt. Aber auch für einen Nicht-Honigesser wie mich ein Genuss – und etwas ganz anderes als das, was unter goldgelbem Logo mit kleingedrucktem Vermerk „Honig kann auch aus nichteuropäischen Ländern und Südamerika stammen“ bei uns auf den Tisch kommt.

Fuzi.

Schon gesprochen ist das Wort ein Genuss und pure Sinnlichkeit: „Fuuuuuusi“. Mit stimmhaftem „S“. Eine istrische Pasta-Spielart. Am liebsten mit Frutti di Mare.

Meine fünf Vorurteile über Slowenien

1. Slowenien ist ein bisschen wie Auenland, Slowenen sind wie Hobbits. Am liebsten sitzen sie zusammen in größerer Gesellschaft, mit Humptata-Humptata, sind fröhlich, tanzen auf den Tischen und stoßen mit einem laut ansteigenden „Oooooooooooobba“ an. Sie feiern gerne. Und wenn es in der Ecke irgendeines Hafens an der kroatischen Küste laut und ausgelassen herging, waren’s meist Slowenen. Sie hat ihr Gutes, diese auenländische Ausgelassenheit.
2. Slowenen sprechen in der Öffentlichkeit laut. Sehr laut. Telefoniert werden muss in der Öffentlichkeit unbedingt so, dass jeder im Hafen alles mitbekommt. Egal was öffentlich gesagt wird: Laut muss es sein, klar und deutlich verständlich für jeden, der 120 Meter entfernt steht. Aber auch dies habe ich schätzen gelernt. Es sagt ganz klar: „Stasi oder Securitate hatten wir hier nicht. Wir waren immer und überall wir.“
3. Tito allerorten an der Wand. Oft trifft man in Bars oder auch Bäckereien auf Fotokalender an der Wand mit offiziellen Fotos von Tito. Ich hab’s nie begriffen. Aber auch diese Fotos habe ich mittlerweile lieben gelernt: Als stimmungsvolle Relikte der vermeintlich heilen Siebzigerjahre. In St. Tropez: Brigitte Bardot, in der Türkei: überall Kemal Atatürk, in Izola: eben Tito. Die letzteren beiden immer als echte „Salonlöwen“. Ober-lässig bei gesellschaftlichen Anlässen.

Männer, denen die Unbill der Welt nichts, aber auch gar nichts anhaben kann. Das schöne Bild stört nur, dass Tito in den Siebziger- und Achtzigerjahren für Morde an Exil-Jugoslawen verantwortlich war, die erst Jahre später von der Münchner Staatsanwaltschaft aufgerollt wurden.

4. Die Geschichte des Ausstiegs Sloweniens aus dem damaligen jugoslawischen Staatenverbund? Beeindruckend. Slowenen waren die Ersten, die als Kollektiv beschlossen: „Wir machen unser eigenes Ding. Und steigen aus dem Bundesstaat aus.“ Sie haben das innerhalb weniger Wochen sehr entschlossen durchgezogen. Auch als die Bundesarmee anrückte Richtung slowenischer Grenze und unverhohlen mit militärischer Aggression drohte: Die Slowenen nahmen ihre Gewehre. Stiegen in die Busse. Fuhren zur Grenze. Stellten die Busse quer. Waren bereit zu allem. Die Bundesarmee zog nach einigen Wochen zäher Verhandlungen wieder ab – friedlich. Eine gute Geschichte.
5. Ljubljana. Jung, studentisch, architektonisch ein Mix aus Habsburger Reich und Plattenbau. Sehr netter Ort. Und Hauptort der Hobbits.

Slobo.

Oder: Sprache ist nicht wirklich wichtig.

Wer heute von Deutschland kommend die Grenze, die eigentlich keine mehr ist, hinter Triest nach Slowenien überquert, stellt fest, dass da noch eine mächtige Grenze verläuft. Eine Sprachgrenze. Kommt man eben noch mit romanischen Grundkenntnissen glänzend durch die Welt, ist mit Betreten des slawischen Sprachraums alles anders. Von eins bis drei geht's noch („ena", „dwa", „tri"), spätestens bei vier („schtiri") fliegt man aus der Kurve. Die Wurst heißt „Klobase", „Popušt" der Rabatt, Männer sind plötzlich „Moški" und Frauen „Zenški". Zwar kommt man in Istrien mit Italienisch besser durch, obwohl unmittelbar nach dem Krieg die Vertreibung aller Italienischstämmigen einsetzte. Aber man trifft oft auf Slowenen, die eben nur slowenisch sprechen. Und zu denen gehört: Slobo.

Slobo arbeitet in Izola im Hafen. Er nimmt in die Hand, was Bootsbesitzer nicht gerne in die Hand nehmen: den Pinsel mit den giftigen Antifouling-Farben, mit denen das Unterwasserschiff einmal jährlich gestrichen werden muss, weil es ohne diese Brachialbehandlung innerhalb weniger Wochen einen glibbrigen, bartähnlichen Bewuchs aus Tausenden verschiedener Organismen tragen würde. Meine Bekanntschaft mit Slobo begann mit handfestem Krach. Er strich um mich und LEVJE herum, als ich es am Land auf Hochglanz polierte. Erst sah er mir skeptisch zu. Dann stand er plötzlich mit seiner eigenen Poliermaschine, die er liebevoll „Polirka“ nannte, und seiner eigenen Polierschmiere neben mir. Und wollte loslegen. An meiner LEVJE! Mit seiner Schmiere!

Ich verscheuchte ihn. „Thomas Problem!“, maulte er. Und es war fortan seine Begrüßungsformel für mich. Er trottete davon, seine Polirka traurig unter dem Arm.

Am nächsten Tag stand er plötzlich neben mir, als ich LEVJEs Unterwasserschiff mit Antifouling strich. Hatte plötzlich eine Farbwalze in der Hand. Und strich neben mir LEVJEs Unterwasserschiff. Ich argwöhnte Finsteres. Da will einer Geld. Der will bestimmt hinterher 200 Euro. Was soll’s.

Ich muss zugeben: Slobo machte seine Sache gut. Er war doppelt so schnell wie ich und bekam das Giftzeug gleichmäßiger drauf als ich. Ich war beeindruckt. Und fragte Slobo am nächsten Tag, was ich ihm denn für die vier Stunden Arbeit geben dürfte. Er brummte: „Jaa, Jaa“. Winkte ab. Und ging davon. Ich war noch mehr beeindruckt. Und stand in Slobos Schuld. Von Katrin habe ich gelernt: Echte Geschenke müssen dem Schenker wehtun. Ich ging ans Whiskyschapp und nahm die teurere Flasche für Slobo raus. Und hielt sie ihm hin. Slobo äugte. Wollte sich schon wegdrehen.

Ich: „Slobo, sei kein Idiot. Das ist echter schottischer Whisky.“

Slobos Miene hellte sich auf. „Jaa Jaa“, sagte er. Und schenkte mir sein schönstes Zahnlücken-Lächeln.

Eine Woche vor der Abfahrt verzweifelten Sven und ich bei der Demontage des Vorstags. Wir bekamen eine etwa handgroße Verschraubung einfach nicht auf. Eisensäge, Gummihammer, Betonklotz, gusseiserner Hafenpoller, schwerer Hammer, Zangen, Meißel, Telefonate mit Deutschland: Alles versagte. Nichts half. Nach drei Stunden gaben wir auf. Wir saßen ratlos rum. Das Teil: Es hatte uns geschafft.

Ich ging zu Slobo.

Slobo: Jaa Jaa. Thomas Problem.“
Ich (kleinlaut) hielt ihm das Teil hin, das für die meisten aussah wie Schrott. Er wußte sofort, was es war.
Slobo: „Jaa Jaa.“
Ich: „Meinst du, du kriegst das auf?“
Slobo: „Jaa Jaa.“
Ich (Hoffnungsschimmer): „Echt?“
Slobo: „Jaa Jaa.“
Ich: „Wie willst du das denn machen?“
Slobo: „Jaa Jaa.“ Ein unverständlicher Wortschwall.
Ich: „Wenn du‘s kaputt machst, bin ich geliefert. Und kann nicht lossegeln.“
Slobo: „Jaa Jaa.“
Ich: „Das kostet mich 3000 Euro, wenn‘s kaputtgeht. Ist dir schon klar?“
Slobo (ungerührt): „Jaa Jaa.“
Ich: „Ich tret dich echt in den Hintern, wenns kaputtgeht.“
Slobo: „Jaa Jaa“.

Eine Stunde später stand Slobo mit seinem Freund Tomasz vor mir. Beide grinsten um die Wette. Das Teil war auseinander. Sie hatten eine Stunde zu zweit hingewerkelt, allein der Himmel weiß, wie die beiden das angestellt hatten. Aber die Verschraubung war auf.

Ich (begeistert): „Echt große Klasse! Mensch, dafür habt Ihr euch einen Kasten Bier verdient.“
Slobos Zahnlücken grinsten noch breiter: „Whisky.“

TEIL II.
ÜBER VENEDIG NACH GRIECHENLAND.

OSTERREICH
MAGYAR
SLOVENIJA
Udine
Brescia
Verona
Grado
Trieste
Venezia
Izola
HRVATSKA
Parma
Bologna
Ravenna
BOSNA I HERZ
Firenze
Livorno
S.M.
Ancona
Terni
Ortona
Tremiti-Inseln
Roma
Foggia
Bari
Napoli
Brindisi
Taranto
Lecce

Die Route.

Von Grado nach Venedig
Sant'Elena
Durch die Lagunen nach Torcello
Ancona
Ortona
Tremiti-Inseln
Peschici
Manfredonia
Gargano
Trani
Straße von Otranto: Von Brindisi nach Othonoi

Landschaften der Seele: In den Lagunen von Grado.

Zwischen Chioggia im Südwesten über Venedig bis nach Grado im Osten erstreckt sich eine Landschaft, die eng mit meinem Segeltraum verbunden ist: die Lagunen.

Es ist eine riesige Wasserwüste und sie beginnt, wenn man von Izola nur fünf Stunden nach Westen über den Golf von Triest segelt, in die Richtung, in der auch Venedig liegt. Unterbrochen wird die Wasserlandschaft von unzähligen Inseln und Sandbänken, Anspülungen, Kanälen, mit dichtem Buschwerk bewachsenen Schlickbänken. Erfüllt ist sie vom Geruch sich mischenden Salz- und Süßwassers, von wogend treibendem Seegras und sich darin verhedderndem ungeahntem Leben.

Manche der Inseln haben nur die Größe eines Vorgartens und doch steht das reetgedeckte Haus eines Fischers drauf. Die Bewohner haben das bisschen Ufer mit mühsam herbeigeschafften Steinen befestigt, damit der wenige schlickige und schlammige Grund, der das Inselchen ausmacht, nicht einfach von den Wellen fortgewaschen wird in wenigen Jahren. Andere Sandbänke sind richtig groß, über Dämme mit dem Festland verbunden und mit Städten darauf: Grado, Lignano, Venedig und Chioggia sind einige davon. Die Einfahrt durch die Kanäle in diese Lagunenstädte auf dem eigenen Boot – etwa in das Stadtzentrum, den Stadthafen von Grado, mitten durch die Häuser, zwischen vertäuten Fischerkähnen hindurch – ist immer wieder ein Genuss.

Eine Fahrt durch den Geruch von heißem Rost, Diesel, Fischlaich in Kübeln und Netzen voller Fischschuppen. Obwohl vergängliches Schwemmland, ist diese Landschaft doch eine uralte Kulturlandschaft. Auf dem Inselchen Ravaiarina, auf dem nur ein einfaches Restaurant steht, genau nördlich von Grado, ist eine Römerstraße eingezeichnet. Auf dem unbesiedelten Inselchen gegenüber Reste eines Tempels, dem Belenus, einem in römischer Spätzeit für Krieg zuständigen Gott, wer weiß von wem in welcher Bedrängnis errichtet und geweiht. Venedig ist im 5. und 6. Jahrhundert in dieser Landschaft entstanden. Römische Flüchtlinge vom Festland, die sich vor herandrängenden plündernden Ostgoten, Westgoten, Vandalen und vor allem Langobarden auf die einfachen, mit Krüppelholz bewachsenen Inseln flüchteten mit allem, was sie hatten. Und aus den Überschüssen der Salzproduktion und des Fischfangs in Sand und Schlick der Lagunen die größte Seemacht des Mittelalters, Venedig, erschufen. Doch davon später.

In dieser fast menschenleeren Wasserlandschaft am Rand der großen Berge, die wie eine Mauer nach Norden schützen, wo Flüsse und Meere sich ständig verbinden, herrscht die perfekte Stille. Alles, was ich in diesem Augenblick höre, ist das Rufen von Möwen, Wattvögeln, einer Wildtaube und – einer Nachtigall. Vor allem im Mai rufen sie hier, vollkommen unscheinbare Vögel, aber der schönste Gesang der Welt; sie, die das Wasser, die Nähe zum Wasser, so dringend zum Leben brauchen.

Durch diese Landschaft führen – bis auf die Dämme – keine Straßen. Lediglich in den Schlick gerammte Pfähle, die Dalben, markieren Wasserstraßen für die Boote. Es gibt Verkehrsschilder, Wegkreuzungen, Gabelungen, und wer die Dalbenstraßen verlässt, der bleibt mit dem Kiel seiner Yacht ganz unweigerlich im Schlick stecken: Das Wasser ist nur noch 30 Zentimeter tief, Seegras wogt bis zur Oberfläche. Nur die Fischer, die hier auf gut motorisierten Kähnen rauschend schnell entlangmotoren, kennen die verborgenen Wege und Schliche durch die Wasserwüste.

Es ist faszinierend, ihnen zuzusehen, wie sie in rascher Fahrt genau eine x-beliebige Stelle zwischen den weiß-rotweißen Dalben anvisieren, ungemindert zwischen den Dalben ins Unmarkierte, vermeintlich Flache hineinschießen und immer noch ebenso unvermindert zwischen den Inseln hindurchbrausen, während der unkundige Betrachter den Atem anhält und meint: Sie müssten längst zerschellt sein, auf irgendeiner Sandbank, irgendeinem verborgenen Uferstreifen.

Vor vielen Jahren, als noch gute Landkarten produziert wurden, gelang es mir, eine Wegkarte aller Wasserstraßen in den Lagunen zu ergattern, die ich seitdem wie einen Schatz hüte. Was die Karte nicht beinhaltet, sind die ständig sich ändernden Untiefen. Ein ums andere Mal bin ich mit LEVJE auf Sandbänke gelaufen und saß plötzlich fest. Nichts ging mehr, weder vorwärts noch rückwärts. Als beste Technik hat sich herausgestellt, einfach auszusteigen und voraus zu schwimmen. Und wenns passiert ist: aussteigen und LEVJEs knapp vier Tonnen einfach über die Untiefe drüberschieben. Geht leicht – wenn‘s lediglich ein Buckel ist. Denn LEVJE hat nur einen Tiefgang von 1,60 Meter, das Wasser reicht mir gerade bis zur Brust.

Es ist eine Landschaft, die mir fehlen wird. Für immer. Die Nacht werde ich heute hier draußen verbringen, vor Anker. Dem Sirren der Myriaden von Insekten zuhören, die jetzt im Mai über den Lagunen schweben. Und hören, wie großartig sich Antonio Vivaldis „Il Riposo di San Natale“ in dieser Landschaft anhört, die Vivaldi so vertraut war, weil er selbst genau diesen Lagunen entstammt: den Lagunen von Venedig.

Menschen am Meer: Die Ferramenta des Cirillo Marocco in Grado.

Zu meinen vielen gedachten und niemals geschriebenen Büchern (allesamt wären sie wirtschaftlich ein Flop. Aber schöne Bücher. Ja: Das wären sie) gehört auch eines über die italienische Ferramenta. „Ferramenta“ kann man näherungsweise übersetzen mit dem, was in Deutschland vor Aufkommen von Baumarkt-Ketten und Heimwerker-Stores als „Eisenwarenhandlung“ bezeichnet wurde. Aber das trifft‘s nur unzureichend.

In einer Ferramenta gibt’s – außer Essbarem und Versicherungen – praktisch alles. Es ist ein kombinierter Laden für: SchraubenLackeGartengeräteAngelausrüstungFischerflickzeugKinderschwimmflügelFahrradreparaturMotorölfilterKratzerSpachtelnSchabernToolsGeschirrbürstenKaffeekochernFlanschenFittingsHähnenHanf(neinnichtzumRauchen) AbflussrohreMesserKüchengeräteGartenharkenTauchermaskenGasanschlüsse … Und diese Aufzählung gibt nur sehr unvollständig wieder, was man in einer richtigen Ferramenta alles bekommen kann.

Ich erinnere mich daran, wie wir oft bei irgendeiner Bootsreparatur in Livorno, an der italienischen Westküste oder in San Giorgio an der Ostküste – oder wo immer die JUANITA lag, an der ich Miteigner war – dringend irgendeine spezielle Schraube oder Schelle suchten: Edelstahl – denn am Meer muss es immer Edelstahl sein, alles andere rostet sofort weg, man kann zusehen, allein das ist in einem deutschen Baumarkt ein Material, das man vergeblich nachfragt. Ich erinnere mich, wie Sven, Freund, Maschinenbauer, Vater dreier Kinder und Eigner der JUANITA, mich losschickte, weil ich von uns drei Bootseignern das leidlichste Italienisch sprach; ich die örtliche Ferramenta betrat und mich an den Typen hinter dem Tresen wandte, der mit einer bis auf den Filter herunter gerauchten Kippe im Mundwinkel in die hinteren Galaxien seiner Ferramenta verschwand. Und nach geraumer Zeit mit dem Gewünschten oder aber – wenn dies nicht möglich war – immer mit Alternativvorschlägen auftauchte. Eine Ferramenta ist ein Ort, an dem man als Mann klare Antworten bekommt.

Die „Ferramenta Marrocco Cirillo", so verkündet es das Ladenschild, gibt es seit 1932 in Grado. Sie liegt direkt am Hafen. Cirillo sagt, sein Vater habe sie gegründet, „Il mio bravo Papà", und von ihm habe er sie übernommen. Cirillo steht jeden Tag allein im Laden, freundlich und resolut und mit dem Leben vollkommen versöhnt. Kennengelernt haben wir ihn vor zwei Jahren. Wir betraten seinen Laden auf der Suche nach einer Caffettiera, dieser einfachsten aller italienischen Espressomaschinen. Cirillo war nicht im Laden, der war leer, kein Mensch weit und breit. Katrin, an sich ein respektvoller Mensch, die aber beim Fotografieren urplötzlich weder Freund noch Feind und nur noch Beute kennt, fotografierte im Universum munter drauf los, als Cirillo, wie immer im blauen Hemd, den Laden betrat und uns resolut seines Paradieses verwies.

Er war nicht unhöflich, aber eben mit Recht resolut ob der Tatsache, dass wir ihn nicht vorher gefragt hatten, ob wir fotografieren dürften. Aus Scham und Schuld haben wir, um den zornigen Gott zu besänftigen, gleich die größte Caffettiera gekauft. Und noch eine kleine dazu.

Als ich heute seine Ferramenta betrete und ihn frage, wie viele Teile er denn in seinem Laden habe, zuckt er mit den Schultern und lächelt. Er wisse es nicht, aber er habe sie alle im Kopf, und tippt sich dabei lächelnd an die Schläfe. Und er habe jede einzelne Schachtel selbst beschriftet. Ich habe die Schachteln nie gezählt, es nicht mal versucht. Geschweige denn den Inhalt.

Cirillo ist heute 82. Er hat einen Sohn, aber der macht etwas anderes und wird den Laden wohl nicht übernehmen. Ich kann mir auch nicht denken, dass einfach ein anderer in Cirillo Maroccos Ferramenta eintritt und sie weiterführt. Man kann ein Universum nicht weiterreichen, mal eben so. Und deshalb wird in einigen Jahren an der Stelle, wo heute Cirillos Universum seinen Platz hat, vermutlich eine Gelateria oder „Pizza al volo“ eröffnen. Für einen weiteren maritimen Geschenke-Ramsch oder irgendeinen „Markenladen“ ist der Platz von Cirillos Ferramenta zu klein.

Nachtrag: Cirillo Marocco starb an einem kalten Januartag 2022. Er wurde 90 Jahre alt und arbeitete bis zuletzt jeden Tag außer Weihnachten und Ostern in seinem Laden. Sein Sohn Massimiliano, eigentlich Grafiker und Fotograf, hat den Laden doch übernommen. Und führt ihn mit den Augen eines Mannes weiter, der nach Jahren am Studio-Schreibtisch nun täglich von seiner Ladentür aus in das Treiben im Hafen von Grado blickt.

Unter Segeln: Von Grado nach Venedig.

Morgens um 5 Uhr erwache ich in den Lagunen von Grado. Ein Reiher schreit ins dämmrige Grau hinein. Mein Lebensrhythmus passt sich beim Draußen-Sein irgendwie dem Lauf der Sonne an: Geht sie auf, bin ich wach. Geht sie unter, bin ich müde. Zum Umfallen. Das war nicht immer so. Das Leben als Mensch, der einer festen Tätigkeit in einem Büro nachgeht: Es war so ganz anders. Es ignorierte, was mir die Sonne, mein Rhythmus, eigentlich vorgaben.

Ich halte die Uhr im Dämmerlicht vor meine Augen. Stehe auf, ziehe mich an. Koche in der Caffettiera aus Cirillos Ferramenta in Grado einen Kaffee, aber bitte mit viel Milch. Um 6 Uhr bin ich bereit. Ich gehe an Deck und will den Motor starten. Aber der Motor springt nicht an. Das fängt ja gut an, mein großer Törn!

Gestern funktionierte noch alles. Da liege ich nun, ankernd mitten in den Lagunen. Die nächste Hilfe kilometerweit weg. Und der Motor springt nicht an. Es fühlt sich etwa so an, wie sich eine Schildkröte auf dem Rücken fühlen muss.

„Denk nach.“ – „Bleib ruhig.“

Und während ich mich schon in meinen Gedanken den Motor zerlegen sehe – vor mein geistiges Auge schiebt die Panik Bilder von geborstenen Zylinderkopfdichtungen, von mit Meerwasser vollgelaufenen Zylindern und dergleichen –, während also die Gedanken strudelnd wirbeln, sehe ich, dass ich gestern Abend vergaß, den Stopp-Zug des Motors in die Aus-Stellung zurückzulegen. Der Stopp-Zug: Er würgt den Motor ab, noch bevor er starten konnte.

„Ich Idiot.“ Aber das kenne ich aus dem Buch von Gudrun Calligaro, die sich auch aus reiner Nervosität ganz am Anfang ihrer dreijährigen Einhand-Weltumsegelung die Finger an der geschärften Schiffsschraube zerschnitt.

Jetzt aber los. Als der Motor läuft, hole ich den Anker auf. Im Morgenlicht tuckere ich mit LEVJE die Dalbenstraße hinaus, nur die Fischer von Grado sind draußen, aber von denen viele. Kaum sind wir draußen aus der langen Dalbenstraße, auf See, dort wo das Wasser fünf Meter tief wird, kommt Wind auf, der Himmel bewölkt sich, es sieht trotz guter Prognosen der letzten Tage nach Regen aus. Ich ziehe schon mal die gelbe Schwerwetter-Hose, Schwimmweste und die Stiefel an. Wenn es regnet, will ich bereit sein.

Der Wind pendelt sich ein zwischen 12 und 14 Knoten, das ist gut für LEVJE. Sie ist ein wunderbares Schiff, eine Meisterin darin, aus 9 Knoten Wind (das ist wenig!) 5 bis 6 Knoten Speed (das ist ordentlich!) herauszuholen. Bei solchen Verhältnissen ist LEVJE ein echter Renner. Es ist LEVJEs Wetter also. Nur große Wellen: Die mag sie nicht und da haben größere und schwerere Yachten ihre Stärken.

Ich setze die Segel. Zuerst in den Wind gehen. Dann die Großschot aufmachen. Großfall vorne einhängen, Großsegel aus dem Lazy-Bag, dem großen schlauchartigen Sack, in dem es auf dem Baum geborgen liegt, herausholen. Zurück auf der schwankenden LEVJE ins Cockpit. Handgriffe, die ich in fünf Jahren hundertmal gemacht habe. Das Großfall holen. Hand um Hand, Griff um Griff entfaltet sich LEVJEs Großsegel am Mast nach oben. Klappert, schüttelt sich, sträubt sich, als würde es sich gegen den Wind wehren. Das Geklapper und Gelärme des schlagenden Segels endet sofort, als ich zurück auf Kurs gehe. Kurs 250 Grad. Das ist der Kurs nach Venedig. Jetzt noch das Groß ordentlich trimmen, dass es schön steht, genau im richtigen Winkel zum Wind, um maximale Kraft nach vorne zu entwickeln. Dann das Vorsegel, die Genua, setzen. Ich fiere die Reffleine, ziehe an der Genuaschot. Nichts. Noch mal. Wieder nichts.

Mist. Wir haben doch in den letzten Tagen vor der Abfahrt noch das komplette Vorstag ausgetauscht. Aus Sicherheitsgründen. Nichts ist übler, als solche Dinge zu vernachlässigen. Und dann im Starkwind plötzlich und unentwegt „Hätt' ich doch bloß vorher ..." zu denken. Trotzdem. Warum geht das denn nicht? Vorgestern bin ich nur motort, habe also die Rollanlage nicht ausprobiert. LEVJE segelt langsam nach Westen. Ich sehe mir von unten genau an, was da klemmen könnte. Tatsächlich: Das Fockfall wickelt sich fast im Mast-Topp um den Fockroller. Daran ist der neue Beschlag schuld. Um ja sicherzugehen, habe ich mir auch einen neuen Beschlag bestellt und eingebaut – und der steht jetzt nicht mehr im richtigen Winkel. Blöd. Und wie so oft beim Segeln: „Never touch a running system." Oder: Das Neue: Es ist oftmals nicht, was man erhoffte, sondern das Schlechtere.

Und während ich das Malheur betrachte, Abhilfe suche, bleibe ich mit dem Schuh am Seezaun hängen. Der slippt vom Fuß, toucht einmal an der Bootskante auf – und platscht ins Wasser. So ein Mist. Alles, weil ich einfach wegen Aufbruchsnervosität nicht mit dem Kopf bei der Sache bin. Jetzt aber schnell. Mein Schuh treibt brav auf der Wasseroberfläche. Schnell zurück ins Cockpit. Den geben wir nicht auf. Und hurtig ein Mann-über-Bord-Manöver gefahren.

Auch das geht beim ersten Mal noch schief, der Schuh ist zu weit weg von der Bordwand, als dass ich ihn erwischen könnte mit dem Bootshaken, also noch mal einen Kreis gefahren, so ein Mist, aber dann bin ich dran, kriege den Schuh zu fassen, hole ihn mit gekonntem Schwung am Bootshaken zurück in die Plicht. Na ja. Geht doch.

Zurück auf Kurs gehen. Und jetzt eine Lösung für die Genua finden. Also los. Langsam herausholen. Es geht. Jetzt noch finaler Trimm. Beide Segel stehen, LEVJE neigt sich über nach Steuerbord. Und beginnt zu spurten. Los geht's. Motor aus. Herrlich.

Der Himmel bewölkt sich mehr und mehr und im Norden, dort wo die Alpen, die Berge des Friaul sein müssten, stehen Gewittertürme. Der Wind dreht auf Süd, wir haben ihn querein und das ist nun wirklich für jede Segelyacht das Größte: der schnellste Kurs. LEVJE läuft vollkommen allein unter Autopilot, schnürt durch die Wellen, ich kann mich ganz auf das Meer konzentrieren, die querab einkommenden Wellen, das mich immer wieder in seinen Bann ziehende Graugrünblau dieses Meeres, nirgendwo sonst ist die Farbe des Meeres so wie hier auf der nördlichen Adria. Es sind die Sedimente der großen Flüsse, von Isonzo, Tagliamento, Piave, die hier im Norden ins Meer münden, und das Licht, die diese Farbe erzeugen. Oft, in angespannten Meetings oder stressigen Situationen im Verlag, habe ich mir diese Farbe in Erinnerung gerufen, habe mir genau diese Farbe herbeigezoomt: die Farbe des Meeres an der Einfahrt zur Dalbenstraße nach Grado. Es ist auch die Farbe des Wassers in Venedigs Kanälen.

Stunde um Stunde ist es faszinierend, dem Meer zuzusehen. Ich wechsle öfter die Position, gehe an den Bug, schaue die Segel hinauf, wie sie ziehen, ob sie gut stehen, setze mich aufs Vorschiff, keine Minute ist langweilig, keine Minute ist wie die andere.

Gegen Mittag werden die Wolken noch dichter und der Wind schläft fast ganz ein. Wir laufen unter Motor weiter, aber der Wind ist nach 20 Minuten gleich wieder da. Früher, da fand ich Segeln nur bei schönem Wetter gut, aber seit einigen Jahren sind mir die liebsten Segeltage solche bei Regen. Das Meer ist dann intensiver in der Farbe, aber unaufgeregter, der Wind gleichmäßiger, ich habe faszinierende Regen-Segeltage erlebt, die Erinnerung daran ist mir lieb und teuer.

Gegen 14:30 Uhr, viel früher als geplant, stehen wir vor der Einfahrt nach Venedig, vor dem Lido, vor dem quadratisch bemalten Leuchtturm auf der Punta Sabbioni. Hier wird am großen Sperrwerk MOSE gebaut, das Venedig vor den herbstlichen Sturmfluten aus dem Süden schützen soll. MOSE ist ein sehr umstrittenes Projekt, seit Jahren. Gedacht ist es als Schutz für Venedig, das sonst irgendwann untergehen würde, weil der Meeresspiegel im Mittelmeer ansteigt, unweigerlich. Seit der Römerzeit um 2 bis 3 Meter. Auf der anderen Seite ist es ein Großprojekt: viele Interessen, viel Geld, das falsche Taschen füllt. Und am Ende vor allem dies: Niemand weiß, wie das ökologische Gleichgewicht in der Lagune sich entwickelt, wenn der immerwährende, zweimal täglich stattfindende natürliche Wasseraustausch in der Lagune von Venedig durch die riesigen Sperrwerke einfach „abgestellt“ wird.

Wird Venedig eine Badewanne, in der das Badewasser dann wochenlang stehen bleibt? Verlandet die Lagune? Verlandet Venedig – eine Gefahr, die den Bewohnern bereits im Hochmittelalter sehr bewusst vor Augen stand. Und zu deren Abwendung sie sich bereits damals strenge Regeln auferlegten: kein Abfall in die Kanäle. Deshalb: keine Märkte an den Kanalufern. Eigens für die Reinhaltung und saubere Durchflutung der Canali schufen sie eine eigene Behörde: die „Provveditori delle Acque“. Trotzdem. Die Einfahrt durch die Riesenbaustelle des neuen Sperrwerks ist faszinierend. Auch wenn meine elektronische Navigation wegen Strommangel zur Hälfte ausgefallen ist – iPad ist mittlerweile ein Synonym für „ein Kampf um Strom“, mein Strom-Management: Es funktioniert noch nicht. Dann also Navigation „The old way“, mit Seekarte und Ortspeilungen. Und ein bisschen Leben ist im iPhone auch noch, schnell an den Strom angeschlossen – und die Navigation mit dem iPhone, sie funktioniert. Ich stehe im

Regengrau mit dem iPhone in der Hand, wie Jack Sparrow mit seinem „Kompass der Sehnsüchte“, nur nicht so cool, und steuere LEVJE nach Venedig hinein.

Ich halte mich ganz außen an die grünen Tonnen im Fahrwasser. Zunächst zwischen dem Flach der Isola San Erasmo und dem Lido hindurch, das Fahrwasser ist breit, weit stehen die nickenden Tonnen in der einsetzenden Flut auseinander, auf der LEVJE nach Venedig hineingetragen wird. Ob ich schon San Marco sehe? Nein. Das Fahrwasser zweigt dann nach links ab. Das kann doch nicht sein, es geht doch ganz breit vor mir auf der Wasserfläche geradeaus weiter?

Als ich kurz nach unten stürze und mich über LEVJEs Kartentisch beuge, sehe ich, dass das ja nur das Flach vor Levignole und Forte San Andrea ist, das mich getäuscht hat. Obwohl alles breit wie ein See vor mir liegt, ist es hier kaum noch eine Armlänge tief. Ich stolpere in meinen Seestiefeln über die Treppe wieder hoch, blicke mich um.

Tatsächlich: Das Fahrwasser zweigt nach links ab, auf eine Engstelle zu, an Steuerbord mit einer Festung darauf, deren Geschützöffnungen mich anblicken: Forte San Andrea. Sieht eng aus die Durchfahrt! Aber tatsächlich ist es auch die Route, die die riesigen Kreuzfahrtschiffe nehmen, wenn sie auf der Giudecca mitten durch Venedig langsam nach draußen gleiten. Noch.

Forte San Andrea: Gemäuer, zernagt von ewiger Nässe und Wellenschlag, Gestein, vollgesogen vom Wasser, alte Gitter, die rostend nichts und niemand mehr abhalten. Neugierig passieren LEVJE und ich das Gemäuer ganz nah, jetzt bloß nicht noch auf Grund laufen, ein paar kleine Bojen markieren, wo es langgeht. Dahinter: San Marco, endlich? Nein, immer noch nicht. Er ist doch so gewaltig, der große Kirchturm, 100 Meter hoch ragt er auf, mit seinem grünen Dach, der vor hundert Jahren vollends einstürzte, wo ist der bloß?

Und doch merke ich, dass wir Venedig näher kommen. Das Becken weitet sich, vor allem: Hier herrscht Schwippschwapp.

Das Wasser brodelt beängstigend vom vorbeiziehenden Verkehr. Von kleinen Lastkähnen, brausenden Wassertaxis, vorbeischießenden Vaporetti, Polizeibooten mit Blaulicht, Großschifffahrt, Schleppern, Frachtern, Leichtern, Fähren, einem riesigen Luxusliner, der mir im Kanal begegnet. Eine Schleife noch abseits im Bacino, dem Hafenbecken, gedreht, um Leinen, Fender, das Boot klar zum Anlegen zu machen. Und dann laufe ich in die Marina Sant'Elena ein. Ich habe mich für diesen Hafen entschieden, diesmal nicht für das spektakuläre San Giorgio. Da waren wir mal im November, es liegt genau gegenüber, eine Vaporetto-Station entfernt von San Marco, einmalig und spektakulär. Aber eben auch teuer (31 Fuß für 80 Euro die Nacht), das summiert sich schnell. Und in Venedig: Da möchte ich jetzt erst einmal bleiben, ich plane mindestens eine Woche ein. Ich möchte mir die Stadt ansehen, in die Stadt eintauchen, so wie ich das immer wollte.

Also nach Sant'Elena, das ich noch nicht kenne. Und: Es ist die richtige Entscheidung: Viele kleine Boote, ältere Segler, alles Venezianer unter sich, Roberto, der Marinaio, hilft mir beim Festmachen zwischen den Dalben. Ein netter Ort. Hohe schattige Bäume, ein Kanal, ein Stadion daneben. Die fünfstöckigen venezianischen Autofähren gleich in unmittelbarer Nachbarschaft. Und dann, gleich nach dem Festmachen, während ich mich riesig freue wie immer, wenn nach einem langen Schlag endlich LEVJEs Leinen wieder im Hafen fest sind, und während der Gewitter-Platzregen losbricht, dies: der Glockenturm von Sant'Elena, der hinter dem Stadion aufragt und mich mit ergreifendem Glockenschlag in Venedig begrüßt. Und wie immer berühren mich die Glocken von Venedig – und das, was sie mir erzählen – sehr.

Die vergessenen Dinge: Venedig und die Glocken.

Ich gebe es gerne zu: Die Glocken von Venedig beschäftigen mich mehr: als ich zugeben mag. Der Glockenturm von Sant' Elena, der mich bei meiner Ankunft im Gewitter schon so freundlich begrüßte, er verblüfft mich: Er hat mehr drauf. Viel mehr. Sonntag Morgen überrascht er mich damit - und so etwas kenne ich eigentlich nur von den englischen Kathedralen, aus Winchester, Durham oder Salisbury.

Venedig habe, so sagt es Julian, Historiker zur Geschichte Venedigs, über 100 Kirchen. Das glaube ich sofort. Denn in dem einzigen Buch, das ich in meinem vorherigen Leben begonnen habe zu schreiben über „Die Kirchen am Starnberger See“ kam ich allein im Umkreis von zwei Kilometern um den See auf fast 50 Kirchen. Es gibt mehr Kirchen, als wir glauben. Das steht fest.

Während ich durch die Stadt gehe, höre ich die Glocken Venedigs. Gar nicht so die große Glocke vom Kampanile von San Marco, die längst und prominent ihren Weg in Youtube gefunden hat. Sondern die kleinen haben es mir angetan. Meist ist es eben kein majestätisches Geläut, sondern oft nur das leise Gebimmel einer Glocke, fast wie ein Totenglöckchen, wie ein „Memento Mori", wie ein „Vanitas Mundi". Es ist dies, was die Glocken Venedigs ausmacht: ihre Traurigkeit, ihre Melancholie, ihre barocke Mahnung.

Und daraus ergibt sich ein wunderschöner Gegensatz, den ich in dieser Art und Weise von keinem Ort der Welt kenne: Unten drängen sich Touristen vor Gucci-Läden und Prada-Stores. Und darüber, für den, der hören kann, die Glocken. Sie läuten vor einem gewaltigen Hintergrund, der sich im Augenwinkel bewegt, ein riesiger Haufen Stahl und Glas, der sich vor der Giudecca unter dem wolkenlosen Himmel von rechts nach links bewegt und Venedigs Gemüter entzweit ob der Seefahrt quer durch ihre Stadt. Memento Mori.

Wo die Bushäuschen Schlange stehen: Eine Liebeserklärung an Sant'Elena.

Der Stadtteil Sant'Elena, genau genommen eine Insel, liegt ganz im Osten von Venedig, dort, wo die Stadt wieder aufs Meer trifft, am Wasserweg nach Murano. Es ist nicht zu vergleichen mit dem flippig-schicken Dorsoduro, wo die Künstler wohnen. Auch nicht mit dem Durchlauferhitzer San Marco, wo an manchen Tagen Gott weiß wie viele Venice-in-a-Day-Touristen durchgedrückt werden, von wem eigentlich? Nein, Sant'Elena ist was Ruhiges. Vor einer Woche, bei meinem ersten Landgang, war ich verblüfft:

Ein Park? Mitten in Venedig? Mit einem Flair ein bisschen wie der Central Park. Breite kurze Gassen. Kaum Menschen. Hohe alte Bäume. Stille. „È una confusione“, sagt einer, dessen Boot neben meinem im Segelclub von Sant'Elena liegt und den ich frage, warum er nicht im Zentrum wohne, sondern hier, in Sant'Elena. Als ich in Leo.org nachschlage, was denn das Italienische „confusione“ genau bedeutet, erhalte ich 20 verschiedene Bedeutungen. Alles. Nur nichts Angenehmes.

Es ist ein Ort, an dem die einfacheren Menschen leben. Die Fahrer der Wassertaxis („Mafia!“, schimpft meine reizende Bekannte Delfina, Venezianerin und Autorin, die auf der Giudecca lebt: „Mafia!“), die Steuerer der kleinen Lastkähne, nein, ohne die geht hier gar nichts. Alles wird von ihnen herangeschafft. Oder weggebracht. Es sind diese Leute, die dieses riesige Museum Venedig am Laufen halten.

Die Bootsmechaniker haben hier ihre Werkstätten. Es gibt kleine Cafés hier und kleine Läden mit meinem geliebten Prosciutto crudo, dem luftgetrockneten rohen Schinken, aber zum Einkaufen muss man schon Zeit mitbringen, denn die beiden älteren Damen, denen der Laden zu gehören scheint, schneiden den Schinken in aller Seelenruhe, obwohl der Laden rappelvoll ist.

Und ja, das rote Gebäude oben: Da haben die Leute ihre Officina, das Büro, das die Leuchttürme Venedigs im Dunkeln am Blinken hält.

Mein Schiff LEVJE liegt hier in der Marina des Segelclubs in Sant‘Elena, eingezwängt zwischen der gleichnamigen Bettelordenskirche aus dem 12. Jahrhundert, die dem Stadtteil seinen Namen gab, und dem Stadion des venezianischen Fußballclubs. Aber viel ist da nicht los: Fußball in Venedig, wie soll das denn auch gehen?

Und eine große ACTV-Werft ist hier. Dies ist also der Ort, wo Vaporetti und Venedig-Fähren gewartet, betankt, geflickt, geschmiert, repariert werden. Und wenn ich morgens von LEVJE mühsam auf den Steg klettere, weil die Flut, die „Alta marea“, mal wieder heftiger ausgefallen ist als gedacht, dann sehe ich die in einer Schlange stehenden gelben Vaporetto-Häuschen, die nur darauf warten, eine prominente Karriere zu starten, vor einem der venezianischen Highlights. Vor Redentore zum Beispiel. Oder Ca‘ Rezzonico, wer weiß das schon? Ich glaube, Sant‘Elena ist ein Ort, an dem ich leben könnte. Hier in Venedig.

Was Man(n) unbedingt können muss: So rudert man eine Gondola.

Es sieht ja immer ganz einfach aus, wie diese Jungs das auf den Kanälen machen, eine Gondola rudern. Einfach und lässig. Und eben das macht die Schönheit aus, die einem oft am Meer begegnet: Ein Fischer, der mit wenigen Handgriffen in einem türkischen Hafen ablegt. Ein Gondoliere in einem Kanal in Venedig, der sein Schiff mit scheinbarer Leichtigkeit bewegt.

Und was so leicht aussieht, ist es in Wirklichkeit überhaupt nicht. Da ist zuerst mal die Sache mit dem Gleichgewicht, stehend auf dem bis 37 Fuß langen schwankenden Gefährt. Der Verkehr. Das Schwippschwapp Venedigs. Hat man das im Griff, kommt die Technik, eine Gondola vorwärts zu bewegen – sie hat ja bloß ein Ruder. Und das muss in der Bewegung auch noch gedreht werden. Das Ruder legt man in die Fórcola, eine Art Gabel, die neun verschiedene Positionen für das Einlegen des Ruders bietet. Für Vorwärtsfahrt. Für Rückwärtsfahrt. Fürs Bremsen. Für alles.

Die Fórcola ist so eine Art Schaltgetriebe. Erst jetzt versteht man, dass die spielerische Bewegung des Gondoliere eine sehr komplexe und nur eine von neun Bewegungen ist, die das Gefährt durch das Wasser der Lagune treiben!

Eine Gondola ist übrigens ein ziemlich kompliziertes Gerät. Aus neun verschieden Holzarten und in der Längsachse asymmetrisch gebaut, mit einem 22 Kilogramm schweren Bugschmuck bestückt – um das Gewicht des hinten links stehenden Gondoliere auszugleichen.

Und wenn Mann jetzt wirklich Gondoliere werden will: dann bewirbt man sich auf einen der öffentlich ausgeschriebenen Ausbildungsplätze für Gondolieri. Bereits die Auswahl der angehenden Gondoliere-Studenten ist hart. Längst nicht jeder wird genommen. Die Kurse werden seit über 20 Jahren im „Istituto Alberghiero Barbarigo“ abgehalten, einer Schule für angehende Gastronomen. Wie passend für eine so lustvoll genießerische Stadt wie Venedig. Die Ausbildung umfasst neben der Ortsnamenkunde umfangreiche Lektionen in Kunstgeschichte, die Geschichte Venedigs sowie Unterrichtsstunden über Seerecht. Zwei Fremdsprachen (Englisch und Spanisch) sind Pflicht. Erst wer diesen Kurs erfolgreich absolviert und die Prüfung bestanden hat, darf sich von einem Gondoliere für sechs bis zwölf Monate in der Praxis ausbilden lassen und muss anschließend noch vor den gestrengen Augen der fünfköpfigen Prüfungskommission des Ente Gondola, der Vereinigung der Gondolieri Venedigs, bestehen. Erst danach erhält man die Lizenz zum Gondoliere.

Übrigens gibt es unter den Gondolieri Venedigs auch eine Frau. Eine einzige. Ich habe sie gestern rudern sehen. Steht den Jungs in Lässigkeit in nichts nach.

Menschen am Meer: Saverio Pastior, Meister der Fórcola.

Um genauer herauszufinden, was es mit der Fórcola auf sich hat, besuche ich Saverio Pastor, den Meister der Fórcola, in seiner Werkstatt in Venedig am Fondamenta Soranzo detta Fornace. Sie liegt genau zwischen Santa Maria della Salute und der Peggy Guggenheim Collection. Und allein die Lage von Saverio Pastors Werkstatt zwischen dem traditionellen Handwerkerviertel und dem Museum moderner Kunst ist ein wunderbares Bild dafür, was eine Fórcola ist. Ein jahrhundertealtes Präzisionswerkzeug, um eine Gondel zu steuern. Aber in seiner aus einem Stück Hartholz geschnitzten Einzigartigkeit ein Kunstwerk, das es als Ausstellungsobjekt bis ins Metropolitan Museum in New York geschafft hat. Saverio Pastor stellt in seiner Werkstatt mitten in Dorsoduro Fórcole und Ruder (Italienisch: „Remi", Deutsch: „Riemen") für Gondeln her. Er ist einer der vier letzten Fórcole-Schnitzer in Venedig.

Was ist eine Fórcola überhaupt? Giuseppe, der sich vor wenigen Tagen eine 30 Jahre alte Sanpierotta gekauft hat, um mit ihr auf dem Canale Grande zu rudern, erklärt es mir: In die Fórcola wird das Ruder eingelegt, und mit diesem einen Ruder, das der Gondoliere in rhythmischen Bewegungen ins Wasser der Kanäle eintaucht, treibt er sein Schiff voran. Als wir diese drei Fórcole dem Meister Saverio zur Begutachtung zeigen, schüttelt der zur Enttäuschung Giuseppes missmutig den Kopf. Die würden zu nichts mehr taugen und bloß die Ruder beschädigen. Ein Holzboot ist Leidenschaft und Leiden gleichermaßen.

Saverio Pastor schnitzt seit 39 Jahren Ruder für Gondole – und Fórcole. Pro Jahr entstehen in seiner Werkstatt ungefähr 120 Fórcole. Sie werden vor allem aus Harthölzern geschnitzt, aus Walnuss, und allgemein Nusshölzern, aber auch aus Eiche. 120 Fórcole: Das ist enorm, den es heißt, dass er fast jeden zweiten Arbeitstag eine Fórcola fertigstellt. Aber die Nachfrage ist da: Gondelbauer, Bootsliebhaber der alten Bootstypen und natürlich Fischer. Während wir mit Saverio sprechen, legt einer auf dem Kanal vor Saverios Eingang an und ruft seinen Wunsch vom Kanal aus einfach in die Werkstatt hinein.

Die Fórcola, so sagt Saverio, gibt es seit dem Spätmittelalter. Sie hat die gewundene Form eines gereckten Armes, weil der Gondoliere das Ruder in neun verschiedene Positionen einlegen kann. Das Ruder muss in die einzelnen Positionen eingelegt und in ganz bestimmter Weise bewegt werden. Erst dann gleitet die Gondola lautlos durch die Kanäle und entlang der Mauern der Stadt.

Die Glocken von Venedig: Die Weise des Campanile von San Pietro in Castello.

Zu den schönsten Dingen, die einem das Segeln beschert, gehört das Schlafen auf einem Segelboot im Hafen. Das leise Schweben. Das beständige Schaukeln, das ein Gefühl der Schwerelosigkeit erzeugt. Das leichte Schwappen und Glucksen und Gluckern an der Bordwand. Die Nacht auf einem Boot: ein Traum. Der manchmal auch ein Alptraum werden kann.

In der Marina von Sant'Elena war es ruhig und die Nächte waren angenehm. Am Abend oft ein Gewitter, vor dem ich mich im strömenden Regen in LEVJEs Inneres zurückzog, um nach dem Geprassel durch eine vom Regen geleerte Stadt zu trotten. Am Morgen die Sonne, die mich durch mein kleines Fenster weckte. Und die Melodie aus einem Kirchturm, ganz in der Nähe. Ich hörte die traurige Melodie – und war ergriffen. Und am Abend: Da war sie wieder da, die Melodie, nur diesmal leicht variiert.

Ich rätselte, wo die Melodie herkam. Jeden Morgen weckte sie mich. Bis ich eines Morgens früh aufstand, um die Melodie suchen zu gehen. Und so stapfte ich durch die Viertel von Sant'Elena, wo nur Schulkinder unterwegs waren und eine Handvoll Pensionäre, die ihre kleinen Hunde ausführten.

Fast schaffte ich es bis zum Glockenturm. Es sind die Glocken des Campanile von San Pietro in Castello, Sant'Elena benachbart, einem der Entstehungsorte von Venedig. Und auch einer der vielen, vielen schiefen Kirchtürme in Venedig.

Und die Weise, sie hat mich wieder sehr berührt. Aber die Venezianer, die ich nach der Melodie fragte, kannten sie nicht. Vielleicht ist ja eine Leserin, ein Leser so gewieft, herauszufinden, woher diese Melodie stammt?

Landschaften der Seele: Auf LEVJE durch die Lagunen nach Torcello.

Ein Ausflug nach Torcello. Aber statt mit dem Vaporetto zu fahren, nehme ich LEVJE. Aber nicht, ohne einen Blick in den Tidenkalender zu werfen.

Venedig und das auf- und ablaufende Wasser, das war für die Venezianer schon zu einem frühen Zeitpunkt eine wichtige Frage. Arne Karsten, dessen wunderbare kurze „Kleine Geschichte Venedigs“ (Beck Verlag, München 2008) ich bestimmt fünf, sechs Mal gelesen habe und auf meiner Bücher-Bestenliste immer unter den Top 15 rangiert, schreibt, dass die Venezianer bereits ab frühester Zeit alle Jahrhunderte hindurch zwei großen Versuchungen widerstanden hätten. Die eine: in Notzeiten ihre eigene Währung, Dukaten, Scudo, oder was immer durch Beimischung von schlechtem Metall zu entwerten. Die andere: Müll in die Kanäle zu werfen. Bereits ab einem frühen Zeitpunkt, nämlich im 11. Jahrhundert, hätte sich der Große Rat darum gekümmert, ab dem 13. Jahrhundert „verbot der Große Rat kategorisch, Abfälle in die Kanäle zu werfen oder Verkaufsstände direkt an den Ufern der Kanäle zu errichten. (...) Mehr als hundert technische Patente wurden zwischen 1492 und 1797 beantragt, von denen man sich die endgültige Lösung der Kanalreinhaltung versprach.“ (Karsten, S. 62) Das ist auch der Grund dafür, dass das Wasser in der Lagune, vor allem auf dem 37 Kilometer langen Kanalsystem durch die Stadt, ganz erstaunlich sauber ist. Bis auf treibendes, wogendes Grünzeug schwimmt da nur selten etwas.

Die Gefahr des Verlandens oder Versandens ihrer Wasserwege war den Venezianern durchaus bewusst. Wie zart und fragil dieses Ökosystem ist, zeigt die interaktive Karte der Kanäle von Venedig am Ende dieses Kapitels.

Wie die Schlagadern und Arterien eines lebenden Organismus sind darin die Hauptwasserwege eingezeichnet, fast wie Blutbahnen in einem Gehirn. Und über sie vollzieht sich zweimal täglich der Wasseraustausch in der Lagune.

Die Karte ist aber auch sehenswert, weil sie meine Frage beantwortet, ob ich mit LEVJEs Tiefgang von 1,60 Meter von Venedig nach Torcello oder Chioggia auf den Kanälen fahren kann: Es geht offensichtlich nicht, denn es gibt einige Stellen, die mit 1,30 Metern Tiefe ausgewiesen sind. Wer die Karte am Tablet-PC ansieht, kann den Weg nach Torcello nachvollziehen: Zuerst Venedig finden, das in dieser Karte wohltuend unauffällig eingezeichnet ist. Dann ganz im Osten Sant‘Elena suchen. Dann Murano. Dann Burano. Und dann: Torcello. Zuletzt die Wassertiefen der einzelnen Wasserarme „heranzoomen“.

Trotzdem lassen wir es mit dem „Geht nicht“ natürlich nicht gut sein und probieren es am Freitagmorgen einfach aus. Also jetzt „in echt“: Links raus aus Sant‘Elena und ins Bacino fahren. Es erfordert immer etwas Mut, denn das Hafenwasser in der großen Bucht von Venedig scheint zu kochen durch den Kreuz- und Querverkehr der Vaporetti, Lastkähne, Motoryachten, Fähren, Linienschiffe, was weiß ich.

Und einen Riesen im Fahrwasser gibt’s auch gelegentlich. Am Schlimmsten sind Wassertaxis, wie Giuseppe, ein Bekannter, der in Venedig lebt, bemerkt. Er rudert mit seiner Sanpierota hier öfter herum und machte mich darauf aufmerksam, dass diese Gleiter die übelsten Wellen verursachen.

Aber vor Murano wird's dann ruhiger. Der Weg durch die Dalbenstraßen ist herrlich an diesem Morgen.

Manchmal ist das Fahrwasser breit, manchmal ist es schmal, manchmal sind die Dalben, die „Briccolone“, links und rechts aufgestellt, manchmal nur in einer Reihe, man muss schon ein wenig aufpassen. Und natürlich genauso häufig auf den Tiefenmesser schauen, wie auf das Fahrwasser voraus. Aber es geht.

Murano links liegen lassen, an den alten Glasbläsereien vorbei, durch Burano durch, es ist zauberhaft an diesem Morgen, lauter bunte Häuser.

Katrin, die ein paar Tage zu Besuch ist, fotografiert wie eine Wilde die bunten Häuser. Und den schiefen Kirchturm von Burano. Venedig ist die Stadt der schiefen Kirchtürme, aber der von Burano, der schießt den Vogel ab. Etwas mutig geworden, beschließen wir, in Burano anzulegen und zu tanken. Aber manchmal, wenn aus Mut Übermut wird, gibt's eins auf die Mütze. Der Diesel kostet an der Wassertankstelle 1,87 Euro – ein ordentlicher Transportaufschlag. Wie immer gilt: Alles, alles muss in den Lagunen mühsam übers Wasser herangeschafft werden.

Nach Torcello ist es durch den Canale di San Antonio nur noch ein kurzes Stück, wo wir ankern und schwimmen. Der Anleger vor der Kathedrale ist nicht ganz komod, aber es geht halbwegs und die Besichtigung ist es wert. Die Kirche besitzt Mosaiken aus dem 11./12. Jahrhundert in unglaublicher Qualität, wie ich sie bisher nur in der Hagia Sophia in Istanbul sah. Das Jüngste Gericht zeigt, wie so häufig im Früh- und Hochmittelalter, den alttestamentarischen Gott, nicht den liebenden, vergebenden, sondern den strengen, strafenden Gott.

Und er kennt auf den Mosaiken auch kein Erbarmen mit den Herren. Und der, ganz links außen, seine Engel die

Posaune blasen lässt, um die im Meer Ertrunkenen aufzuwecken. Kaum 50 Jahre nach Entstehung dieser Mosaiken mussten die Bewohner Torcello aufgeben. Durch ökologische Veränderungen hatten Versumpfung und daraus resultierende Malaria-Epidemien überhand genommen.

Immer wieder wird auch klar: Venedig orientierte sich im Mittelalter weit stärker an Byzanz als am Festland, wirtschaftlich wie auch künstlerisch. Das erklärt manche Fremdartigkeit, zum Beispiel die Wirkung von San Marco auf den heutigen Betrachter.

Von der Gründung Venedigs bis zur Eroberung 1204 war Byzanz Herrscherin auch über Venedig, so formal das auch immer gewesen sein mag, man darf das nie vergessen. Venedig schaute in seiner 1200-jährigen Geschichte immer nach Osten, nach Byzanz, das spätere Konstantinopel. Selten nach Westen oder Südwesten, kaum nach Norden. Der Seeweg, das Mittelmeer, war ein verbindender und kein trennender Faktor.

Am Nachmittag, rechtzeitig vor dem großen Gewitter, das regelmäßig niedergeht, sind wir wieder zurück in Sant'Elena, wir haben diesmal den Weg über Punta Sabbioni am Lido entlang und an der großen MOSE-Baustelle vorbei gewählt. Vor Punta Sabbioni konnten wir dann auch wirklich segeln wie auf einem See.

Unter Segeln.
Von Venedig nach Ravenna.

Genau vier Jahrhunderte, nachdem ein Mann Namens Jesus am südöstlichen Ende des Mittelmeeres geboren wurde, war Rom in der Krise. 700 Jahre hatte es gedauert, um – meist wider Willen – zur alleinigen Supermacht aufzusteigen. Und dreihundert Jahre, um die Kräfte dieser Supermacht auszuhöhlen.

Durch beständiges Nagen Hunderter kleiner Stämme, durch Reitervölker, wechselnde Bündnisse, erfolglose Revolten, Aufstände an den unermesslichen Grenzen in weitem Radius rund um das Mittelmeer. Und im Inneren. Und durch dies: Augustus hatte am Höhepunkt des Reiches klug geplant, eben dieses Reich durch einen Kult, die „Verehrung des Einzigen" zusammenzuhalten. Augustus Tragik war, dass eben jener einfache Mann vom südöstlichen Ende des Mittelmeeres – und nicht er als Kaiser – die wichtige Kultfigur werden sollte. Für zwei Jahrtausende.

Richtig gedacht. Anders gelaufen.

Rom selbst, die Hauptstadt des westlichen Reiches, war um 400 nach Jesus immer noch groß, aber nicht mehr sicher. Die Stadt schrumpfte. Etwa 600.000 Einwohner lebten hier, die Infrastruktur der Stadt, Wasserversorgung,

Nahrung, Entsorgung waren intakt. Noch. Angriffe und Invasionen aus dem Norden hatten zugenommen, die Kaiser beschlossen, den Sitz des Weströmischen Reiches in die Lagunen des leichter zu verteidigenden Ravenna zu verlegen. Venedig: gab es da noch nicht. Es war nichts weiter als ein paar von Steckmuscheln besiedelte Schlickbänke, auf denen vielleicht ein paar reetgedeckte Fischerhütten standen. Wieder 150 Jahre später, im 6. Jahrhundert, war das anders: Flüchtlinge vor den Goten-Invasionen hatten auf dem „Riva Alto", dem „hohen Ufer", das heute „Rialto" heißt, eine Siedlung errichtet.

Die Siedlung am Rialto und die Residenzstadt Ravenna: Sie beide waren Untertanen, Befehlsempfänger der Hauptstadt des östlichen Reiches, die am nordöstlichen Ende des Meeres lag: Byzanz. Vor Ort regierte in beiden Städten ein von Byzanz eingesetzter „Dux", aus dem in Venedig der „Doge" wurde, und reportete nach Byzanz, wo man weiter von vergangener römischer Größe träumte. Ravenna und Venedig: zwei Schwestern. Die erstere erwachsen und prächtig. Die andere noch klein, arm, hässlich.

Wie jeder weiß, legte das hässliche Entlein die steilere Karriere hin, bis hin zur Eroberung der einstigen Lehnsherrin Byzanz im Jahr 1204. Ravenna und Venedig: zwei Schwestern. Eine Spurensuche.

Mutig geworden durch unser Torcello-Abenteuer, gehen wir nach Süden über die Kanäle nach Malamocco, dann nach Chioggia, immer an der Innenseite des Lido entlang.

Es ist sehr wenig los hier draußen, wir begegnen während der zweieinhalbstündigen Fahrt nach Chioggia ein, zwei Seglern und ein paar Fischern, die mit ihren hochmotorisierten Sanpierotas, kleinen, flachen, schlanken Barken, die die Kanäle zu ihrer Rennstrecke erwählt haben. Sonst nichts. Es ist eine Fahrt ins tiefe, tiefe Blau. Blau unten. Blau oben.

Ganz im Westen kann man im Hintergrund die Hügellandschaft des Collio erkennen, sonst Wasser, Himmel, Dalben. Stille. Der Lido, ein langer, schmaler Sandstreifen, ist, je näher man ihm kommt, meist mit netten Siedlungen bebaut, Pellestrina ist eine davon. Und wäre meine Liste mit Orten, an denen ich gerne leben würde, nicht schon überlang und übervoll für drei Leben: Pellestrina käme mit drauf.

Auf der anderen Seite der Dalbenstraße stehen auf Pfählen immer wieder Inseln mit Hütten von Kranfischern, wer weiß wie alt. Auf Holzpfosten sind sie in den Lagunen-Untergrund getrieben, mit hölzernen Kran-Armen darauf, an denen flach ausgebreitet ein Netz hängt, das man eben an diesen langen Holzarmen ins Meer senkt. Und nach einiger Zeit am Kran wieder heraufholt, um einzusammeln, was sich unachtsamerweise darin verfangen hat vom Fischreichtum der Lagunen. Längst verlassen scheinen die meisten, als hätten die Kranfischer einträglichere Erwerbsmöglichkeiten gefunden. Vielleicht erklären ja die großen Kühlhäuser der „Cooperative delle Mollusche“, frei übersetzt „Muschelzüchter-Kooperative“, an denen wir vorbeifahren, manches. Nicht mehr darauf warten, was sich im Netz verfängt; sondern selber Muscheln züchten, an langen Tauen, die von Bojen hinabhängen ins Meer. Man sieht sie oft hier im Norden, riesige Bojenfelder auf der Nordadria.

Vor Chioggia endet dann der Lido-Kanal. Es geht hinaus durch die breite Ausfahrt aufs offene Meer, das hier eine ganz andere Farbe hat als weiter nördlich. Statt des unergründlichen graugrünblau der Nordküste ist das Meer schillernd braungrün. Das macht der Po: Die Sedimente, die die Flüsse hier mit anspülen, sind braun: Gesteinsmehl aus Alpen und Appenin, bis hierher getragen hat, Erde aus dem Podelta, alles vermengt und vergoren zu fruchtbarem Schlamm und Schlick. Aber braunes Wasser bleibt braunes Wasser: Es lädt irgendwie nicht zum Baden ein, und als wir, Katrin und ich, beide gleichzeitig neben dem Boot eine große schwarze Flosse sehen, die gleich wieder verschwindet, ist‘s mit der Badelust ganz vorbei.

Die Nacht verbringen wir ankernd in der großen Bucht vor Albarella. Das Bild beschaulicher Lagunenkanäle ist jetzt dem des „Porto Turistico“, des großen Sportboot- und Freizeithafens, gewichen. Tourismus und Muschelzucht. Als uns im Dämmerlicht des heranziehenden Abends – buchstäblich aus heiterem Himmel – eine heftige Tramontana für knapp 10 Minuten überfällt, bin ich froh, den Anker fest eingefahren zu haben. Ich fürchte die Tramontana mittlerweile, die ich jetzt drei-, viermal erlebt habe, mehr als die Bora, über die so viel berichtet wird.

Am nächsten Tag nach Ravenna, wo uns die Marina mit der Atmosphäre der Eigentümerversammlung einer mittelgroßen Wohnanlage empfängt. Es ist Sonntag, alle Bootsbesitzer sind da, alle; und sitzen auf ihren Booten. Alles ist wohlhabend und gepflegt, viele große Boote, das sieht man in Italien mittlerweile selten. Viele schöne GFK-Boote, oh ja, aber kein richtig schönes Holzboot.

An Italienern schätze ich, dass im Gegensatz zu Deutschland Fremde, die des Weges daherkommen, selten beglotzt werden. Vielleicht hat es damit zu tun, dass wir an der Küste sind. An durchreisende Fremde ist man seit Jahrtausenden gewohnt. Man schaut kurz und geht seiner Wege, so kenne ich das aus den Hafenstädten.

Hier aber wird geglotzt aus Leibeskräften. Fast fühle ich mich wie beim Einlaufen am Spätnachmittag in Kiel-Laböe, als wir nach einem Liegeplatz suchten und die Blicke der versammelten Bootseigner nur eines sagten: „Na? Zu spät dran?“ Ich frage mich nach einer Weile, ob ich das falsche Hemd anhabe. Oder LEVJE einen toten Hund im Bugkorb hängen hat. Katrin schielt misstrauisch auf LEVJESs neue Solaranlage, vielleicht ist sowas ja verboten? Naja, lange bleiben wir nicht, nur eine Nacht.

Ravenna selber ist nicht unbedingt einladend, kann vermutlich dafür aber wenig. Tourismus, der für volle Strände sorgt, natürlich, denn hier beginnt für den, der von Norden kommt, aus den italienischen Wirtschaftsmetropolen, der große, lange Sandstrand, die eigentliche Adriaküste, „il mare“ mit seinen Sommerfreuden. „Finalmente ferie“ steht auf jedem Kassenbon im August, „Endlich Ferien.“

Aber auch: viele, viele Schwarzafrikaner, die im Bahnhofsviertel herumhängen, ihrer Heimat verlustig, wenn ich sie sehe. Ihrer Muttersprache brutal entwurzelt, wenn ich sie reden höre. Sie verdingen sich meist da, wo der Tourismus ist: als Strandverkäufer mit billigem Ramsch, schlechten Sonnenbrillen, gefakten Uhren. „Vuoi comprare?“ fragen sie in tief kehligem Italienisch jeden. „Vucompra“ nennen die Italiener sie deshalb. Mich dauern sie. Fleißig stapfen sie den Tag über strandauf, strandab mit ihren Tabletts, auf denen sie ihr Warenangebot präsentieren, jedes Handtuch mit einem Erholungssuchenden darauf eine neue Hoffnung für sie, etwas Geld zu machen, auf jeder „Sedia sdraio“, jeder Liege, unter einem „Ombrellone“, dem Sonnenschirm, in den Bagni, wo der Badebetrieb stattfindet, ein möglicher Käufer. Aber vom Tellerwäscher zu Millionär wird man hier nicht. Nicht mit ehrlichen Mitteln.

Ravenna und die Mosaiken, und Theoderich: Daran komme ich nicht vorbei. Es sind aber die kleinen, unbeachteten Relikte, die mich faszinieren, wie diese beiden hier aus San Giovanni Evangelista, unauffällig und erzählend wie eine Buchmalerei.

Es ist die späte Antike, oder wie man es will: das frühe, allererste Mittelalter, das man hier sieht: Mosaiken aus dem 5. Jahrhundert, unsere Welt mit ihren Geschichten, die hier sichtbar wird, in dem tutenden Seemann im Masttopp des Schiffes. Oder in dem Liebespaar: Geschichten von großer Intimität, erzählt im Umfeld von Krise und Niedergang und steter Bedrohung.

Und? Ravenna und Venedig? Wie ist das jetzt, heute mit den beiden ungleichen Schwestern? Dazu fällt mir nur der große Historiker des Mittelmeeres und seiner Geschichte ein:

der Franzose Fernand Braudel, der sein erstes Hauptwerk über das Mittelmeer in einem deutschen Kriegsgefangenenlager schrieb, Flüchtling damals auch er. In einem seiner Bücher über das Mittelmeer fragt er sinngemäß: Was aus Venedig geworden wäre, wenn man es nicht sich selber überlassen hätte? Wenn es Mitte des 19. Jahrhunderts hellwache Stadtobere gegeben hätte, die sich durchgesetzt hätten mit dem klugen Vorschlag, dass man mit der neuen Zeit, mit dem Fortschritt gehen müsse? Werften, Betriebe, Industrie ansiedeln müsse?

Die Antwort auf diese Frage, schreibt Braudel, sei im heutigen Genua zu finden. Und in Ravenna.

Menschen am Meer: Der Fischer, der Restaurantbesitzer wurde.

Was ist es, das die Menschen zusammenführt, besondere Begegnungen und Momente stiftet? Ein launischer Gott, der gerne gute Momente nimmt, wie er sie gibt? Ein gnädiger Gott, der die Menschen immer wieder an die richtige Stelle führt? Unser ureigenster innerer Riecher? Kluges Abwägen oder ein sechster Sinn, der uns an den richtigen Ort führt? Oder ist alles einfach purer Zufall?

Aus Fano angekommen in der Marina von Ancona trieb mich irgendetwas aus eben jener Marina wieder hinaus. Wieder einer dieser großen, seelenlosen „Porti Turistici“, Investorenprojekte und Liegeplatz Tausender Freizeityachten, Eldorado für den, der Boote gucken will, Stapelplatz der ungelebten Lebensträume, das andere. Irgendwie alles zu groß, zu seelenlos die Menge an leeren Plastikyachten. Nein:

Das war es nicht. Schnell tankte ich LEVJE an der Pier voll, blickte um mich. Und machte mich stattdessen auf, mir einen Liegeplatz im alten Hafenbecken Anconas zu suchen, im jahrtausendealten „Porto Commerciale“, den die Griechen hier gegründet hatten, als sie ihre vorzügliche Keramik zu den Etruskern brachten, die offensichtlich danach gierten, nach kunstvoll bemalten Trinkgefäßen, Vasen, Krügen aus

Korinth und Athen. Und allein die Hafenrundfahrt, das langsame Gleiten durch den Hafen von Ancona war's schon wert.

Vorbei an den großen Griechenland-Fähren nach Igoumenitsa und Patras, vorbei an den Container-Fiederschiffen und an den Fischern. Und da, wo der Hafen dann wirklich zu Ende war, wurde ich fündig: bei der Mole Vanvitelliana hatte sich ein Segelclub einquartiert und nach mancherlei Rufen und Parlieren wiesen mir die Mitglieder einen Platz genau vor der Mole Vanvitelliana zu, den Kasematten aus dem 18. Jahrhundert fast im Zentrum Anconas.

Was ich übersehen hatte und worauf mich Onofrio, der große Mohr und hiesige gute Geist, Marinaio mit bandagiertem Kopf, freundlich hinwies, war das Restaurant, das nur zehn Meter von meinem Bug mit Blick auf den Fischerhafen entfernt lag und Bestandteil der Mole Vanvitelliana war. „Si mangia da dio“, „Man isst göttlich!“, war Onofrios einfache Antwort auf meine Frage, ob man da gut Fisch essen könne.

Des Abends genoss ich den Blick über den Hafen, als drei Kerle am Bug meines Schiffes standen: Einer mit Ray-Ban-Brille. Ein Inder. Und ein Albaner. Und lebhaft darüber diskutierten, was LEVJE denn wohl für ein Schiff sei. „È una Comet“, sagte die Ray-Ban-Brille mit Kenner-Ton. Der Inder verneinte. Der Albaner schaute skeptisch auf Ray-Ban-Brille. Und ich schüttelte ebenfalls den Kopf. „È una DEHLER 31.“ „Nie gehört“, meinte Ray-Ban-Brille und wir stellten uns einander vor. Es waren nicht die drei von der Tankstelle, sondern vom Restaurant. Jeeta, der Inder, war der Koch. Renald, der Albaner, war Kellner, und die Ray-Ban-Brille gehörte Giuseppe und ihm wiederum das Restaurant.

Na ja, eigentlich gehörte das Restaurant ja seiner Frau, Rosella, nach der er sein Segelboot, eine BAVARIA ein paar Plätze weiter benannt hatte. Weil er doch Fischer gewesen sei, ja, und 55 Jahre lang meistens draußen gewesen sei, habe seine Frau Rosella eben das mit dem Restaurant begonnen. Jetzt sei er 72 und froh drum. Rosella habe immer ein Restaurant geführt, als sein Leben halt das auf dem Meer gewesen sei. Immer sei er zwei bis drei Tage draußen gewesen, immer von Ancona aus, wo er geboren sei, und die meiste Zeit sei er Kapitän eines Fischkutters gewesen.

Ob sich denn das mit der Fischerei immer noch lohnen würde, frage ich. Giuseppe grinst breit. „Hier in Ancona allemal“, und weist auf die gegenüberliegende Hafenseite, wo Platz für an die 70, 80 Fischkutter sei. Das größte Problem der Fischer sei der Spritpreis. Er sei zuletzt Kapitän eines 31-Meter-Schiffes gewesen, das pro Tag 2000 Liter Diesel verbraucht hätte. Ich stutze. „Moment mal. Für Diesel habe ich neulich 1,87 Euro bezahlt?“ „Nein“, antwortet er, das wäre für die Fischer hier anders geregelt. Der Diesel für die Fischer wäre subventioniert, läge irgendwo bei 85 Cent pro Liter, aber 2000 Liter müssten auch erst mal wieder erwirtschaftet werden. Und dann Mannschaft und Unterhalt von Schiff und Technik – es hätte sich aber immer gelohnt.

Jeeta und sein Helfer vor Jeetas Küchenfenster, genau vor LEVJEs Bug. Es hatte schon etwas, jeden Morgen vom Koch durchs Fenster als Erster zu erfahren, was es heute Abend geben würde.

Als die ersten Gäste auftauchen, trollen sich die drei und gehen an ihre Arbeit. Aber mir, mir geht es an diesem Abend tatsächlich im Restaurant wie bei Gott. Denn Renald und Jeeta sorgen dafür, dass meine Portionen immer etwas größer sind als die der anderen Gäste. Und noch vier, fünf „Antipasti di Mare“ später, die ich in anderen Restaurants genoss, denke ich immer noch an Jeetas Bulli zurück: In scharfer Soße gekochte Meeresschnecken, die man mit dem Zahnstocher isst. Seine waren bislang die besten, die ich an der Küste bekommen habe.

Menschen am Meer:
Carlo, der Seemann mit den traurigen Augen.
Oder: Wie man ein altes Holzboot repariert.

Herumstreunend in den verlassenen Innenhöfen, Gängen, Kasematten, Hallen der Mole Vanvitelliana führt mich der Zufall zu Carlo. Er repariert für den hiesigen Club die Boote. Und ist gerade dabei, ein klassisches Ruderboot aus den Sechzigerjahren wiederherzustellen. Die Holzplanken haben sich in langen Jahren verändert. Sind geschrumpft. Das Boot ist undicht geworden, Leck gesprungen.

Carlo ist Seemann und lernte sein Handwerk bei seinem Onkel auf einem Fischerboot in San Benedetto del Tronto, ein paar Seemeilen die Adriaküste hinunter. Er war ehrgeizig, lernte und fuhr lange Jahre auf größeren Trawlern als erster Maat zur See. Er fischte vor Südamerika, war auf den Falklands, kam weit herum auf dem Atlantik. Machte schließlich die Prüfung zum Kapitän.

Aber weil ein Seemann immer einsam ist, sehnt sich ein Seemann nach der Frau fürs Leben. Und die begegnete ihm in Ancona. Und für diese Liebe beschloss er, seiner Einsamkeit ein Ende zu setzen, sie zu heiraten. An der Einsamkeit des Seemanns, wenn er auf See ist, änderte das wenig. Also blieb Carlo an Land und fuhr nicht mehr zur

See. Ob er das denn bereut hätte, frage ich. Und die Antwort kommt postwendend: „Wenn du an Land bist, träumst du immer vom Meer. Und wenn du auf dem Meer bist, träumst du immer von Zuhause.“ So sei das nun mal eben. Aber er liebe seine Frau und deshalb sei es gut, wie es sei. Jetzt repariert Carlo halbtags die Boote im Club. Und den Rest der Zeit, da schreibt er an einem Buch. Eigentlich an mehreren. Eines ist mit 500 Seiten fast fertig, über alte Techniken der Navigation. Und eines sei gerade in Arbeit über Techniken der Bootsreparatur.

Die nächsten Wochen wird Carlo mit dem Ruderboot beschäftigt sein. Die Hölzer haben sich mit den Jahren zusammengezogen, sind geschrumpft und geschwunden. Zuerst musste das Boot trocknen. Das ließ die Hölzer noch mehr schrumpfen. In die entstandenen Zwischenräume klebt Carlo nun mit Harz dünne Holzleisten ein. Ich sehe die eingeklebten Leisten und die Zwischenräume. Da es viele Zwischenräume sind, ist es eine zeitraubende Arbeit, bei der ich Carlo gerade störe.

Danach beginnt das eigentliche Kalfatern, „la calfatura“. Das Material, das man zum Abdichten der Spalten verwendet, ist eine Schnur. Carlo wird sie in eine Mischung aus Leinöl und Bleimennige einlegen. Das wirke antibakteriell auf die Hölzer. Und dann die feuchte Schnur mit den Eisenmeißeln, man nennt sie Kalfateisen, in die entstandenen kleineren Ritzen geklopft, möglichst bündig nach innen und außen. Danach wird Carlo das Boot gründlich abschleifen und außen neu streichen. Damit das alte Boot aus den Sechzigerjahren wieder richtig hübsch und eine Schönheit auf dem Wasser ist. Wenn die Arbeit beendet ist, wird Carlo das Boot zunächst ins Wasser legen, es bleibt am Kran hängen. Er wird eine Pumpe hineinstellen, damit das Boot nicht zu voll läuft. Die Hölzer müssen quellen. Sie werden die eingelegte Schnur fest zusammenpressen. Und dann ist das Holzboot wieder richtig dicht. Ein paar Monate werde das alles schon dauern, sagt Carlo, der Seemann mit den traurigen Augen. Und macht sich wieder ganz ruhig an seine Arbeit.

Der Mensch und seine Sachen: Ortona. Oder: Das Schiff, das die COSTA CONCORDIA wieder aufrichtete.

In Ortona finde ich einen Liegeplatz etwa 50 Meter von der MICOPERI TRENTA entfernt, in der hiesigen LEGA NAVALE. Hier in Ortona sind es nicht die Kirchenglocken, die mich wecken. Es ist das Geräusch der Pressluft, mit der der gewaltige Dieselantrieb des gelben Bugkrans angeworfen wird. In der Luft ist ein Pfeifen und Jaulen wie vom überdimensionierten Druckluftschrauber einer Reifenwerkstatt. Dann den ganzen Tag über metallisches Schlagen, Hämmern, dumpfes Wummern. Und das Geräusch des Motors des gelben Bugkrans, auf dem „CLYDE" steht.

Ida, 15 Jahre alt, die diese Woche zusammen mit Sven mitsegelt, fragt natürlich sofort nach „BONNIE". Aber unsere Antwort fällt mager aus. Männer halt, im Angesicht von echter Hardware.

Bei der Einfahrt in den Hafen von Ortona fällt der riesige blaue Kran schon von Weitem ins Auge. Es ist die MICOPERI TRENTA. Eigentlich ist sie offiziell eine „Pipeline-Verlege-Plattform". Sie ist das Schiff, das als Arbeitsplattform diente, um die vor der Insel Giglio gesunkene COSTA CONCORDIA vom Grund des Meeres wieder aufzurichten.

Ortona selbst ist auf der Hangkante erbaut, hoch oben über dem Hafen. Aber der blaue Kran reicht spielend hinauf bis auf die Ebene, auf der die Häuser stehen. Es ist echte, richtige Hardware, die da gewaltig im Hafenbecken liegt. Um sich die Dimensionen klarzumachen: Das Steuerhaus des gelben Krans ist ein klitzekleines gelbes Häuschen, das ich gerade so über dem Fuß des Kranauslegers sehen konnte.

Die Firma MICOPERI hat ihren Sitz in Ravenna. Aber die Operationsbasis von MICOPERI ist Ortona. MICOPERI wurde gegründet, als das große Aufräumen begann: unmittelbar nach dem Zweiten Weltkrieg, um die Schifffahrtswege von Schiffswracks zu säubern, und war dann in den Siebzigerjahren vor allem mit der Nachkriegssäuberung des Suez-Kanals beauftragt. Endlich mal einer, der aufräumt.

Heute unterhält MICOPERI etwa 13 Schiffe, um Spezialaufträge auszuführen: Leitungen im Meer verlegen, Bohrplattformen ins Meer stellen, Dinge eben auch wieder aus dem Meer holen, die irgendjemand da hingeworfen und liegen gelassen hat, wo sie nicht hingehören. Die TRENTA ist das größte und leistungsfähigste Schiff der MICOPERI-Flotte. Die Firma selbst tritt auf ihrer Website relativ bescheiden auf: keine markigen Sprüche, wenig Marketing, eine nüchterne Aufzählung dessen, was man macht. Und kann.

Auch sonst ist alles auf der MICOPERI TRENTA eine Spur größer als anderswo: Um die Trossen für den Haken des gelben Bugkrans auszubringen, sind drei Mann in orangefarbenen Overalls eine halbe Stunde beschäftigt. Sie wuchten und zerren zu dritt die schweren Stahlseile aus dem Unterdeck hervor und legen sich mächtig ins Zeug, bis das Trumm, nur ein Stahlseil, nur eines, am Haken hängt. Alles geht langsamer zu, achtsamer und mit viel mehr Bedacht als anderswo, um mit den riesigen Kräften umzugehen. Es erfordert schon ungeheuer viel Vorausplanung und Vorausdenken, um zu überlegen, wo und wie man jetzt welche fast armdicke Stahltrosse einhängen muss. Allein der drehbare Bugkran ist mit seinem Haupthaken in der Lage, etwa 250 Tonnen zu heben: das sind knapp 200 AUDI A3.

Auch eine Krankenstation hat die MICOPERI TRENTA und ich denke insgeheim dabei an Carlo, den Werftbesitzer aus San Giorgio, den ich vor wenigen Tagen besuchte. Und der mir seinen dick bandagierten Daumen vor die Augen hielt oder das, was vom Daumen noch übrig geblieben war: Er habe auf der Werft einfach eine Sekunde nicht aufgepasst, sagte Carlo, nur eine Sekunde lang. Und Carlo ist ein erfahrener Mann, der sein Leben auf der Werft gearbeitet hat.

Und das ist nur der kleinere Kran. Das blaue Ungetüm am Heck, fest montiert, kann 1270 Tonnen heben. Das sind ungefähr drei komplette ICE-Züge. Um die COSTA CONCORDIA hochzuheben, hätte das aber trotzdem nicht gereicht. Hier war mehr Technik und Physik im Spiel. Die Leute auf der MICOPERI TRENTA bauten riesige Schwimmer an das gesunkene Schiff, die dann leergepumpt wurden und innerhalb weniger Stunden das Schiff wieder aufrichteten.

Mit den Vorbereitungen für das Aufrichten der gesunkenen COSTA CONCORDIA war die MICOPERI TRENTA ungefähr ein halbes Jahr beschäftigt. Aber das schwierige Manöver klappte und die COSTA CONCORDIA schwimmt nun wieder dank der angebrachten Schwimmkästen, auf denen sie zu ihrer Verschrottung nach Genua oder in die Türkei verbracht werden sollte und inzwischen verbracht worden ist. Wer sich noch mehr für die Technik interessiert: Am meisten hat mich im Datenblatt das Ankergeschirr des Schiffes beeindruckt: zehn Anker. Und jeder einzelne davon (!) mit einem Gewicht von 9 (!) Tonnen. Fast dreimal so viel, wie LEVJE wiegt. Die Anker: Sie tragen die schöne Bezeichnung „Delta Flipper".

Ich glaube, ich hätte auch gerne etwas an Bord von LEVJE, auf das ich deuten und cool sagen könnte: „Das ist übrigens mein ‚Delta Flipper'." Aber LEVJE würde sinken, wenn man auch nur versuchen würde, einen der zehn „Delta Flipper" an Deck abzulegen.

Das Meer und seine Bewohner: Die Makrele. Und wie man sie fängt.

Das ist eine Makrele, lateinisch Scomber Scomber. Es ist die zweite Makrele, die mir auf dieser Reise an den Haken geht. Eine Makrele: Sie sieht wunderschön aus. Große, dunkle Augen. Silbrig glänzend an der Unterseite. Grün schillernd, urtümlich getigert auf der Oberseite. Kaum Flossen entlang des Körpers. Lange, stark gepfeilte Flossen am Heck, denen man gleich ansieht, was für ein schneller Jäger die Makrele ist. Ich bin jedes Mal von ihrer Schönheit beeindruckt.

Vor vielen Jahren auf der JUANITA, meiner Beteiligung an einem Boot, da hatte ich noch das richtige Angelgeschirr. In irgendeinem italienischen Angelladen, es gibt sie fast überall an der Küste, habe ich mir für wenig Geld gekauft, was ich brauchte: Eine lange Leine. Einen weißen Schwimmer. Dann wieder Leine. Dann einen Blinker. Und gleich danach den gemeinen Haken. Damit gelang mir öfter ein Fang.

In den letzten Jahren habe ich vieles ausprobiert, was mir kroatische Fischer empfohlen haben: Aber seit etwa drei Jahren hatte ich nie Erfolg. Die Köder, das Angelzeug, es funktionierte nicht. Tagelanges Starren auf die Wasseroberfläche? Vergebens. Jetzt, in Ravenna, habe ich bei einem fliegenden

Händler auf einem Markt das Teil gefunden, mit dem ich auf der JUANITA immer Erfolg hatte: Die Fischer nennen es „Schima“, es kostet 4 Euro, und damit hatte ich schon am zweiten Tag Erfolg. Doch darüber später, wie man der Makrele vom Boot aus listig nachstellt.

Mein Lieblings-Fischkochbuch heißt „Die genießbaren Fische der italienischen Meere“. Es erschien 1953 im Verlag Ulrico Hoepli in Mailand und listet allein über 50 verschiedene Namen für die Makrele auf. Im Italienischen heißt sie „Sgombro“. Die Bewohner Liguriens und der Toskana nennen sie aber auch „Alalunga“ („langer Flügel“), die Apulier sagen „Scellone“ oder auch „Muetulu“, Franzosen nannten sie „Germon longue Oreille“ („Lang-Ohr“), die Engländer sagen „Albacor“ wie auch die Portugiesen. Aber das schönste Wort, das haben die Slowenen: Sie nennen sie „Skusa“, gesprochen ganz weich „Skuuuuuuuscha“, mit langem „u“. Und stimmhaftem „sch“. Ein Tier mit 50 Namen: Man merkt, wie sehr dieser Bewohner des Meeres die Menschen am Meer beschäftigt hat. Über alle Jahrtausende hinweg.

Die Makrele wartet mit einigen biologischen Besonderheiten auf: Sie kommt – anders als die meisten Fische, ähnlich wie Haie – ohne Schwimmblase aus. Das Auf- und Leerpumpen würde für das schnelle Jagen hinderlich sein, das Auf- und Absteigen zu viel Zeit in Anspruch nehmen. Haie regeln das über ihre Leber. Makrelen haben gar kein Organ dafür.

Sie müssen ständig in Bewegung bleiben, bei Reglosigkeit würden sie einfach in der Tiefe versinken. Aber fürs blitzartige Bewegen sind sie auch gebaut: Sie sind die schnellsten Jäger und schnappen spielend nach dem Köder, den ich mit etwa fünf bis sechs Knoten, also im Tempo eines schnelleren Joggers, hinter LEVJE herziehe.

Sie verfügen über einen unglaublich schnellen Antrieb über fünf, sechs einziehbare besondere Rückenflossen („Finnen“). Würde ich für AUTO, MOTOR, SPORT schreiben, würde ich von „einziehbarem Heckspoiler“ und „von 0 auf 10 Knoten in X Sekunden“ sprechen.

Im Winter, zum Laichen, lässt sie sich in Schwärmen tief im Meer absinken, auf mehrere 100 Meter. Und ruht da, fast still. Im Sommer ist sie hungrig und beständig auf der Suche nach kleinen Fischen und Plankton. Da ist sie am besten zu fangen. Sie treibt sich von Juni bis Oktober in Schwärmen nahe an der Küste und fast unter der Wasseroberfläche herum. Und ist gierig. Die Makrele, die ich gestern gefangen habe, hatte noch einen kompletten fingerlangen Fisch im Bauch. Und schnappte nichtsdestotrotz gleich nach meinem Köder, als der blinkend an ihr vorbeizog. „Ihre Habgier wird ihr Untergang“, lautet einer der schönen Sätze von Patrick O‘Brian‘s Jack Aubrey aus meinem Lieblingsfilm „Master und Commander“ – und das gilt für die Makrele ganz besonders. Man fängt sie, indem man an etwa 30 Meter Leine einen kleinen Schwimmer, die „Schima“, hinterherzieht. Der taucht während der Fahrt auf 5 bis 10 Meter Tiefe ab und zieht hinter sich an etwa 8 bis 10 Metern Länge einen Blinker mit Drilling her. Makrelen und Bonitos sind hier im Mittelmeer die einzigen Fische, die man bei 5 Knoten Fahrt fängt.

Leise bin ich, als ich lese, was allein die Deutschen an Makrelen verzehren: in 2014 etwa 21.000 (!) Tonnen.

Die vergessenen Inseln:
Die Tremiti.

Italien hat – anders als Kroatien oder Griechenland oder die Türkei – viele Häfen, aber wenige Inseln. Aber die wenigen – es sind etwa 100 – haben sich mir immer wieder besonders eingeprägt. Capraia gehört dazu, sieben Segelstunden vor Livorno gelegen. Giglio mit seinem Rummel. Und auch die Tremiti-Inseln. Sie sind die einzigen Inseln an der Ostküste Italiens und liegen etwa fünf Segelstunden nördlich des Gargano.

Die Tremiti-Inseln habe ich mit dem Segelboot zu ganz unterschiedlichen Jahreszeiten besucht: Einmal, als der ganz große Rummel vorbei war, Ende August. Einmal ganz ohne jeden Rummel, Anfang November. Da war es so richtig einsam.

Und jetzt, wo der große Rummel noch nicht begonnen hat, Anfang Juni. Die Fähren, die hier anlegen, bringen zwar jeden Tag mehr und mehr Urlauber, aber die bleiben alle auf San Domino, dort, wo sich Hotels und Pensionen und Restaurants konzentrieren. Auch wenn auf dem Gargano überall Ausflüge zu den Tremiti angeboten werden: Man ist dort ziemlich allein. Die Tremiti sind irgendwie „Die vergessenen Inseln“.

Einen richtigen Hafen gibt es nicht: Man ankert zwischen den Inseln, die fast immer im Schwell liegen. Oder abends ab 19 Uhr an den Fähranlegern, wenn die Fähren weg sind. Aber da muss man morgens gegen 8 Uhr wieder weg sein, „Hafenkapitäne“ scheuchen den Segler ganz unbarmherzig wieder weg. Um Platz zu schaffen für die, die Geld verdienen: Die Ausflugsboote, die am Morgen vom italienischen Festland herüberkommen.

Die Tremiti-Inseln bestehen aus vier verschiedenen Inseln: Neben San Domino noch San Nicola mit Festungsmauer und Kloster und alter Kirche – aber da leben von den 400 Tremitianern gerade mal 150 in dem Festungsort. Mönche haben den Ort besiedelt, Mönche haben ihn im Mittelalter auch befestigt gegen kroatische und türkische Piraten. Die schufen und hinterließen die Klosterinsel San Nicola so, wie man sie heute noch sehen kann. Und wurden doch dafür umgebracht.

Und dann gibt es noch Capraia und den gelben Sandsteinfelsen Cretaccio, mittendrin in der Inselgruppe. Sowie einige Felsen weit draußen. Aber Menschen leben hier keine. Die Möwen mit ihrem Geschrei bleiben unter sich.

Die Tremiti-Inseln waren auch immer ein Ort der Verbannung. Augustus schickte seine Enkelin Julia hierher, offiziell wegen Sittenlosigkeit, aber vermutlich hatte sie gegen den mächtigen Herrn Großvater opponiert – oder Schlimmeres. Und musste bis zu ihrem Tod 28 Jahre später dort bleiben. 1912 deportierte Italien 1200 unbotmäßige Libyer hierhin, weil sie sich der italienischen Eroberung Nordafrikas widersetzten.

Muammar al-Gaddafi reklamierte deshalb die Inseln regelmäßig als libysches Territorium. Ohne Erfolg, aber sehr zum Ärger der italienischen Politik. Vielleicht sind es auch deshalb die vergessenen Inseln: Wer hier blieb, der blieb, um vergessen zu werden.

Menschen am Meer: Nonna Sistina. Die Kirchenwächterin der Tremiti-Inseln.

Mitten in der alten Klosterfestung auf der Insel San Nicola betreibt Nonna Sistina ihr kleines Restaurant. „La Nonna“: Das ist im italienischen „die Oma“. Nonna Sistina, das bedeutet: Oma Sixtina.

Wir lernen sie kennen, als wir morgens um 8 Uhr die gottverlassene Festung besichtigen. Durch die engen, steilen Wehrgänge und Kasematten hinaufgehen, dorthin, wo sich in der Festung die Tunnel zu einem Platz weiten. Nonna Sistina ist bestimmt Ende 60. Plötzlich steht sie vor uns. Klein, grauhaarig, ihr Gesicht ein ewiges Lächeln. Und drückt uns den Schlüssel für die Klosterkirche in die Hand. Sie könne ja nicht mehr selber aufschließen, seit sie sich die Schulter verrenkt habe, ob wir so freundlich wären und das für sie erledigen, die Türe bräuchte nur einen entschlossenen Tritt, damit sie aufginge, und den Schlüssel, den sollten wir hinterher wieder bei ihr vorbeibringen. Und ja wieder abschließen!

Als wir zurückkommen von Klosterkirche und Wanderung über die Insel, treffe ich Nonna Sistina nicht an. Auf einen der Tische hat sie einen Pappkarton gelegt, auf dem steht: „Torno subito. Accomodatevi. Nonna Sistina.” – „Komme gleich wieder. Setzt euch schon mal. Oma Sixtina.“

Ein grauer Pappkarton mit Sistinas schmissiger Handschrift. Wo mag sie bloß hin sein auf dem winzigen Eiland? Ans andere Ende zum großen Friedhof? Zum Arzt? Den gibt es hier nicht. Eine Freundin besuchen, mal eben? Soo grooß ist San Nicola nun doch auch nicht. Und neben dem grauen Pappkarton stehen drei Behälter, zwei große grüne Flaschen, bedeckt mit Selbstgehäkeltem. Und ein weißes Steingutgefäß, ebenfalls bedeckt mit orangefarbenem Deckelchen aus Häkelwolle.

In die beiden grünen Flaschen hat Nonna Sistina die Kassenzettel, die „Scontrini“, eingefüllt: in die grüne Flasche rechts die aus dem Jahr 2011, in die grüne links die aus dem Jahr 2012. „Scontrini“ sind in Italien sehr, sehr wichtig. Wenn man ohne „Scontrino“ einen Laden verlässt, läuft einem der Ladenbesitzer nach, um einem den „Scontrino“ persönlich in die Hand zu drücken. Es ist der Nachweis, dass der Besitzer brav seine Mehrwertsteuer abführt.

Am Interessantesten ist das weiße Gefäß mit dem roten Häckeldeckchen, das zum Öffnen einlädt mit der Aufschrift „Amore è ...?“ – „Liebe ist ...?“

Als ich den Deckel öffne, finde ich Hunderte, nein, tausend kleine handgeschriebene Zettel. Da hat Nonna Sistina für ihre Besucher eine eigene Version eines „chinesischen Glückskeks“ kreiert. Ein kleines Universum ungezählter kleiner Zettelchen, allesamt von Hand beschrieben, wer weiß, wen Nonna Sistina hier auf der menschenleeren Klosterfestung für ihre Arbeit verpflichtete außer sich selber, wer weiß, was dort auf diesen Zetteln an guten Dingen draufsteht. Ich kann nicht widerstehen. Und muss natürlich einen Zettel ziehen. Und als ich das kleine Schriftstück entfalte, steht von Nonna Sistinas Hand darauf:

„L'amore é quella sensazione

che ti fa agire

senza avere paura di niente.

Quando si ama si vive."

„Die Liebe ist das Gefühl, das dich handeln lässt,
ganz ohne eine Spur von Angst.
Wer liebt, der lebt."

Der Mensch und seine Sachen: Peschici. Und das liebe Geld.

Das ist der schöne Ort Peschici, am Nordufer des Gargano gelegen. Und dieses Dörfchen mit seinen 4300 Einwohner weicht gleich in zweifacher Hinsicht von allen uns bekannten Normen ab. Zum einen lautet die Aussprache „Pä:skitschi“, mit Akzent auf der ersten und nicht der vorletzten Silbe. Zum anderen, weil am 31. Oktober 1998 alles, aber auch wirklich alles, ganz anders lief für die Bewohner von Peschici als für den Rest der Welt. An diesem Tag nämlich gewann die Lottogemeinschaft in Peschici die für die damalige Zeit sagenhafte Summe von 32 Millionen Euro. Und teilte das Dorf in Gewinner und Nicht-Gewinner. In Leute, die in dieser Woche ihren Lottoschein abgegeben, und solche, die das in dieser Woche eben nicht getan hatten.

99 Bewohner eines Dorfes gewinnen 32 Millionen Euro. Der Kioskbesitzer gewann, der Automechaniker auch, mindestens ein Fischer, die arme Witwe und, ja: auch der Pfarrer. Ob dies alles jetzt mit den Systemzahlen des Tabbaccaio Fernando de Nittis zu tun hat oder ob der in nächster Nähe wirkende und in Italien all überall hoch verehrte Padre Pio seine stigmatisierte Hand im Spiel hatte? Wir wissen es nicht.

Ein Geldregen ging über einen Teil der Bewohner nieder, der andere, größere Teil ging leer aus.

Die einen, die plötzlich zu Geld gekommen waren, stellten damit allerhand an. Zum Beispiel: den Lottoschein mit den Glückszahlen in Marmor sichtbar für alle in die Hauswand einmörteln. Ein Museum mit Folterwerkzeugen der spanischen Inquisition in Peschici einrichten (Ida und mir ist danach schlecht, wir wollten doch bloß die Burg ansehen). Eine Waschstraße aufbauen und hinstellen – dort, wo sie keiner braucht. Eine Weihnachtskrippe („Presepe“) bauen. Mitten im Ort eine Villa beginnen, die als Rohbau endet. Eine Feriensiedlung am Strand errichten. Und zumindest in diesen Dingen unterscheidet sich Peschici in Nichts von all den anderen Orten in der Umgebung am Meer. Peschici ist ein netter Ort.

Und ein großes Restaurant gleich am Hafen gibt es. Francesco empfängt uns und führt uns durch das merkwürdig riesige, aber merkwürdig leere Restaurant. Es hat mindestens vier, fünf, sechs unterschiedliche Speisesäle. Hier passen mindestens acht Busse rein. Verglaste Blicke in unterirdische Grotten auf wogendes Meer. Einen Balkon, hoch über dem Meer, mit nur einem Tisch. Ein Platz, um einen Heiratsantrag zu machen. Aber da wollen Sven und Ida nicht mit mir essen.

Als ich Francesco frage, ob er der Restaurantbesitzer sei, wird seine Miene bekümmert: „Ma, sono poverino.“ – „Ich bin ja nun ein ganz Armer.“ Der Pizzaiuolo hier im Restaurant sei er, der, der die Pizze macht. Und aus Neapel sei er. Er hätte hier seine Frau kennengelernt. Und wieso ausgerechnet nach Peschici, frage ich. „Dove si nasce non si muore.“ – „Man stirbt nicht, wo man geboren ist.“ Das sitzt.

Das Essen ist ausgezeichnet. Die Pizze von Francesco sind groß wie LKW-Reifen und Sven entwickelt schöne Theorien, warum er als Erster damit fertig ist.

Peschici ist schön. Bis auf den nächsten Morgen. Da erscheint der Hafenmeister, pumpt sich vor der im Hafen liegenden LEVJE auf, bis seine Körpergröße ihm tatsächlich bis zu den großen Schulterklappen reicht.

Wieso wir denn mit dem Boot hier im Hafen liegen würden? Wer uns das denn erlaubt hätte? Warum wir uns nicht bei ihm gemeldet hätten? Da wäre eine Strafe („Un verbale“, was für ein wunderschönes Wort) in Höhe von 1300 Euro fällig. Wir sollten sofort ablegen. Und den Hafen verlassen.

Und während wir in Ruhe unseren Espresso trinken, den uns der zornige Hafenmeister-Gott noch grollend wie ferner Donner zugestand, sinnieren wir, was den Mann an diesem schönen Ort so in Rage gebracht haben mag. Vielleicht waren ja die gestrigen Lottozahlen daran schuld?

Menschen am Meer: Die Daunier. Das rätselhafte Volk der Vogelmenschen.

Es war zu der Zeit, als Rom aus dem Ei schlüpfte. Etwa in jenen Jahren, da ein griechischer Geschichtenerzähler namens Homer die Lügengeschichten eines anderen Mannes sammelte und erzählte, der das Meer und diese Küste wiederum 500 Jahre früher bereist hatte und den sie etruskisch Uthuse, lateinisch Ulixes, griechisch aber Odysseus nannten.

Etwa zu der Zeit lebte hier an den Küsten des Gargano das Volk der „Daunier". Sie waren wohl übers Meer gekommen von der anderen Seite der Adria, vom Balkan, ähnlich wie die Messapier südlich von ihnen. Die Daunier haben, wie so viele Völker dieser Zeit, nichts oder nur wenig Schriftliches hinterlassen.

Schrift gab es zwar zu diesem Zeitpunkt der Menschheitsgeschichte schon lange, sie war aber nicht überall im Gebrauch und wurde vor allem in größeren Sozialgefügen praktiziert, in großen Gesellschaften wie bei Ägyptern, Babyloniern, die „Schrift" hauptsächlich zu Zwecken ihrer inneren Organisation ihres Gefüges („Götter", „Steuern", „Gesetze") oder für Propaganda (Ramses II.: „Starker Stier, der Geliebte des Re") einsetzten. Wie es scheint, hatten die Daunier wenig zu organisieren oder zu propagieren. Oder sie erledigten das auf ihre Art.

Auch ohne Schrift war das Leben dieses einfachen Volkes am Meer reich an Geschichten und sie erzählen sie auf ihren Steinstelen. Die Steinplatten stellen ganz schematisiert Männer und Frauen dar, jede Stele besteht aus Platte und Kopf. Manchmal, wurden nur einzelne Köpfe gefunden. Auf den Vorder- und Rückseiten erzählen die Daunier Szenen aus ihrem Alltag. Es sind einfache Steinplatten, 4 bis 6 Zentimeter dick. Manche dieser Platten sind groß wie ein Schachbrett, andere wie eine Kühlschranktür. Sie stammen aus den Steinbrüchen des Gargano und in sie haben die Künstler Szenen und Ornamente eingeritzt und dann mit verschiedenen Farben bemalt.

Bislang haben Forscher die unglaubliche Menge von 2000 (!) solcher Steinstelen gefunden, in einem Gebiet, nicht größer als der Großraum Berlin. Die Steinstelen stammen allesamt aus einer sehr schmalen Epoche, aus dem 8. und 7. Jahrhundert vor unserer Zeitrechnung.

Sich selber stellen die Daunier in diesen Szenen wie Vogelmenschen dar. Ich sehe einen Mann, einen Wanderer, dann eine Frau, erkennbar an ihrem langen „Zopf". Den tragen die Frauen auf den Abbildungen häufig.

Die Grafiken der Daunier mit den Vogelmenschen erinnern mich an Luc Bessons immer wieder sehenswerten Film „Das fünfte Element". Die Vogelmenschen auf den Plastiken haben Anmut und Würde. Und erzählen auf stille Art von ihrem Leben, ihrem Alltag, ihren Mythen.

Es sind Szenen, die wir verstehen. Und doch nicht verstehen. Was sie darstellen, begreifen wir: die Bilder einer idealen Welt. Aber ich denke, dass ihr eigentlicher Inhalt die Mythen der Daunier sind: Wie etwa die Geschichte von den sechs Krugträgerinnen, die dem Mann mit der Leier begegneten.

Hier die Geschichte vom großen Jäger, der das goldene Reh erfolglos jagte und dem die Gans den rechten Weg wies. Der Wanderer, der durch seinen besonderen Stab kein normaler Wanderer ist, der der Frau mit dem Krug begegnet. Auch dass die Daunier die Menschen in ihren Abbildungen mit Vogelköpfen ausstatten, hat vielleicht damit zu tun, dass es sich um Mythen handelt, um Fabelwesen, um Gestalten aus einer anderen Welt.

Was aus den Dauniern, dem rätselhaften Volk am Gargano, geworden ist, ist nicht klar. Vermutlich wurden sie und ihre Kultur assimiliert, aufgesogen, eliminiert, zerrieben zwischen den Griechen, die Städte, Handelsposten, Flüchtlingssiedlungen, allesamt „Kolonie" genannt, auch in Unteritalien gründeten. Dann von den Samniten, später den Römern. Aber die kamen erst spät, ungefähr 500 Jahre nach den Steinstelen, in die Region, in der die Daunier gelebt hatten. Da wurde das von Griechen gegründete Siponto, das heute nach einem Staufer, dessen Familie von jenseits des Appenin und der Alpen kam, „Manfredonia" heißt, von den Römern erobert.

Die Steinstelen der Daunier sind heute genau da, im sehenswerten Archäologischen Museum im Castello Manfredonia, der alten Stauferfestung, zu sehen.

Und das mit den Staufern: Das ist eine ganz andere Geschichte, die hier in Süditalien spielt.

Landschaften der Seele: Der Gargano. Wälder, Grotten, Heilige.

Der Gargano beschäftigt mich, seit ich Geschichte studierte. Seit ich in einer Vorlesung hörte: Dort, genau dort, sei im Mittelalter der Erzengel Michael erschienen. Nein, nicht irgendein abstraktes „Verbum dei caro factum est“. Sondern richtig handfest: Am 8. Mai des Jahres 492 erschien der Erzengel Michael dem Bischof von Siponto auf dem Monte Sant‘Angelo. Punkt. Zack. So war das.

Es ist schon ein wunderbarer Ort, dieser heutige Wallfahrtsort Monte Sant’Angelo. Keine der üblichen Wallfahrtskirchen, nein: Was man über der Erde sieht, ist wie bei einem im Wasser treibenden Eisberg nur der unwesentliche Teil. Hoch droben auf dem Berg, den wir in Nebel und Regen über steile Straßen, enge Grate erreichen, fast an der höchsten Stelle, führt in der Kirche ein langer, gewundener Gang hinunter in die eigentliche Grotte, wo die Erscheinung stattfand. Und die seit bald 1500 Jahren ein Wallfahrtsort ist.

Aber es ist keiner jener düsteren Wallfahrtsorte, sondern es ist irgendwie hell und licht. Generationen und Nationen haben hier an diesem Ort an ihrer Verehrung gebaut und gebetet: die Langobarden, die nach den Römern kamen. Die

Byzantiner. Ottonen. Danach Normannen. Dann Staufer. Anjou. Aragonesen. Königreich Neapel. Königreich beider Sizilien. Königreich Italien. Etwa in dieser Reihenfolge. Und alle haben ihre Spuren hinterlassen an diesem Ort.

Tja. Und was wäre Italien heute ohne Padre Pio? Der Heilige begegnet uns in Italien überall: kein Büro ohne sein segnendes Konterfei. Keine Bar, ohne dass er nicht in meinen Espresso schaute. Kaum ein Auto, in dem er nicht als Talisman mitführe. Kein Laden, in dem er nicht hinge. Und selbst die Milchlaster italienischer Provenienz, die sich auf deutschen Autobahnen bewegen, haben hinten drauf überlebensgroß sein Foto mit den segnenden Händen in Handschuhen. Kein Zweifel, er ist der populärste aller Heiligen. Gewirkt hat er nur ein paar Kilometer vom Monte Sant'Angelo entfernt, in San Giovanni Rotondo. Hat ein Krankenhaus gebaut mit Spenden. Hat Johannes Paul II. sein Pontifikat vorhergesagt. Hatte Stigmata, blutende Wunden an Händen und Füßen, die er durch das Tragen fingerloser Handschuhe verbarg. Fiel aber auch durch erhöhten Phenolbezug beim Apotheker auf, was leichte Verätzungen verursacht. Ein anfechtbarer Heiliger. Aber die Kirche kam nicht umhin, ihn auf Druck von unten 1999 heiligzusprechen. Voilà.

Bei der Durchreise durch Padre Pios San Giovanni stellen wir fest, dass es diesem Örtchen – anders als anderen im südlichen Italien – doch wirtschaftlich gesegnet ergeht. Neubauviertel stößt an Neubauviertel, neue Wohngebiete fressen sich die Hänge des Gargano hinauf. Hier wird etwas geschaffen, merkt der Durchreisende. Bloß was? Auskunft gibt da Alessandro Maggiolini, Bischof von Como, der am Tag vor der Heiligsprechung Padre Pios die Kommerzialisierung des Heiligen scharf kritisierte und der Zeitschrift „Repubblica" diktierte: „Jesus vertrieb die Händler aus dem Tempel. Aber ich muss feststellen, dass sie zurückgekehrt sind."

Und dann ist der Gargano auch der Ort der Foresta Umbra, eines großen geschützten Waldgebietes, von denen es nicht unendlich viele in Italien gibt. Als wir es durchqueren, begegnen wir keiner Menschenseele. Sven meint, hier sei Tolkiens Wald von Fangorn. Und es würde mich auch nicht wundern, wenn vor uns gleich einer seiner Baum-Menschen über die Straße latschen würde. Nebelschwaden, Kurvenstraßen, Moose und Flechten, Baumriesen. Ein paar Rinder auf der Straße. Foresta Umbra. Kein Haus, kein Lokal weit und breit. Einsamkeit.

Und dann die Grotten. Das Meer hat sie aus dem Fels gewaschen und meistens sind sie nur mit dem Boot erreichbar. Und wenn ich in einem früheren Beitrag schrieb, ich sei sicher, dass Odysseus an dieser Küste gesegelt sei: dann hat dies nicht nur mit den zahllosen Grotten hier zu tun. Wer an der süditalienischen Küste segelt, stellt fest, dass der gute Homer voll ist von realen geografischen Orten, die er in seine Geschichten einbettete und die noch heute identifizierbar sind. Die Grotten des Gargano sind der Hintergrund für die Grotte der Calypso. Und Kap Spartivento, wo alle fünf Minuten die Winde wechseln, ist der reale Ort für die Lügengeschichte vom Windsack, der die Heimkehr des Odysseus nach Ithaka verhinderte. Aber auch dies ist eine andere Geschichte.

Menschen am Meer: Auf dem Fischmarkt von Trani. Oder: Ruggiero – Fischer und geborener Vertriebsmann.

Auf dem Markt treffe ich Nicóla und Ruggiero. Sie sind Fischer und verkaufen ihren Fisch am Stand. Das meiste, was sie anbieten, kenne ich nicht. Ruggiero ist an Bord der Vertriebsmann: Er fragt mich als Erstes, ob ich ein oder zwei Kilo haben will. Dabei weiß ich noch gar nicht, wovon.

Also entscheide ich mich für die Cikale, ganz links. Und ein bisschen Congro, Meeraal. Der ist gegrillt eine Wucht. Und ein paar kleine Scorfani, Drachenköpfe. Der Rochen ist mir zu groß. Er würde nicht in LEVJEs Backrohr passen, nein, würde er nicht.

Und während ich mit den beiden parliere und sie zum Lachen bringe mit meiner Frage „Jetzt stellt euch mal vor, Italien wäre gestern gegen Uruguay nicht rausgeflogen, sondern wäre Weltmeister“, packt mir Ruggiero, der Vertriebsmann, immer noch ein Cikalchen und noch eins und noch einen Meeraal und noch einen Scorfano in meine Tüte. Und noch zwei Cikale ... immer weiter. Es herrscht halt der richtige Vertriebsdruck am Fischmarkt von Trani. Er packt ein, bis ich mich der alten Weisheit von Amelia, der Besitzerin des Restaurants Obelisco am Containerhafen von Livorno erinnere, es war der Ort meiner ersten italienischen Geschmacksschule: „I pescatori sono furbi.“ Fischer sind allesamt bauernschlau.

Aber selbst als ich ihn mit diesem schönen Wort zu bremsen versuche, schmeißt das Ruggiero nicht aus der Bahn. Er lächelt mich in seinem schönsten Lächeln an. Und packt währenddessen munter weiter ein. Noch ein Cikalchen. Noch ein ... Aber nun ist es wirklich genug, es reicht für drei Tage. Ich zahle 15 Euro und trotte mit meiner Tüte unter den fröhlichen Rufen der beiden glücklich von dannen.

Auch dies ist Italien: Man zahlt mehr, als man will. Man geht mit einem Lächeln. Und kommt nur allzu gerne wieder.

Wär ich Gott, würd' ich hier wohnen: Die Kathedrale von Trani.

Nur wenige Schritte vom Fischmarkt entfernt betrete ich die Kathedrale San Nicola Pellegrino in Trani. Sie steht direkt am Meer, und wer mit dem Boot anreist so wie ich, der sieht sie schon von Weitem, bei guter Sicht Stunden, fast einen Tag vorher.

Die Kathedrale von Trani ist einer der Gründe für meine Reise. Ich habe sie zum ersten Mal 2006 besucht, auf dem Weg segelnd vom Südwesten Italiens nach Ancona mit dem Boot. Ich habe dieses Bauwerk nie mehr vergessen und oft an diesen Ort gedacht. Der Grund ist nicht, dass diese Kirche von außen sonderlich gelungen wäre. Es ist normannische Romanik, begonnen wurde der Bau 20 Jahre nach der Eroberung Süditaliens durch die Normannen, die etwa um 1030 „quasi auf der Durchreise" von der Normandie nach Jerusalem Sizilien entdeckt hatten. Und dann in einem 100 Jahre dauernden Kleinkrieg erst ganz Sizilien, dann Kalabrien eroberten und um 1070 die Byzantiner und Sarazenen von der Adriaküste vertrieben. Weißhäutige, Rothaarige, großgewachsene Vikings, die in zähem Kleinkrieg das komplette Italien südlich Roms erobern. Zeitgleich mit der Eroberung Englands durch ihre normannischen Vettern.

Nein, der Grund für den Zauber dieses Ortes ist das Kircheninnere. Man betritt die Kirche durch ein Untergeschoss durch das halbrunde Gitter unter dem Haupteingang. Und gelangt dann zunächst in eine Kirche: die Kirche Santa Maria della Scala. Von dort betritt man die Krypta. Und erst von da aus durch zwei ganz schmale Aufgänge die eigentliche Hauptkirche San Nicola Pellegrino. Und dieser Raum haut mich dann jedes Mal um:

Fast 100 Jahre Bauzeit. Von 1097 bis 1186. Nur ein heller, leicht rötlicher, wetterbeständiger Stein, der seit der Antike in dieser Gegend abgebaut und „Trani" genannt wird. Kaum Schmuck. Nur Doppelsäulen aus anderem, dunklerem Gestein, vermutlich Überbleibsel irgendeines Tempels aus der Römerzeit von weiß Gott wo im römischen Reich. Das war im Mittelalter so üblich, die überall herumstehenden wunderbaren römischen Säulen weiterzuverwerten.

Man merkt an der Perfektion dieses Innenraums, dass die Kirche von Innen nach Außen gedacht und geplant wurde. Außen eher unförmig. Innen ein perfekter Raum, wie aus einer anderen Welt. Der Lärm bleibt draußen. Das Jetzt auch. Drinnen nur ein Verklingen. Und Stille.

San Nicola Pellegrino besitzt innen und auch außen wenig Schmuck. Aber das wenige lohnt die Betrachtung. Dies ist das Hauptportal. Und die Geschichte, die der Steinfries erzählt, berichtet, wie die Menschen des frühen Hochmittelalters ihre Welt sahen. In die acht-förmigen Girlanden eingebunden, die das Hauptportal umrahmen, sind Fabelwesen, kaum eines, das wir heute noch kennen. Sie alle sind im Kampf miteinander, gegeneinander, untereinander verstrickt, eine Welt des frühen Mittelalters, die kaum Frieden, nur das Übereinanderherfallen zu kennen scheint. Ein Chaos, nur geordnet durch die Wut auf das andere. Ein bloßer, nackter Mensch ist dabei, in seiner Not mit der einen Hand gierig nach wucherndem Grün greifend und mit der anderen den Vogel packend, der ihn fasst. Eine löwenähnliche Bestie, die ein zweifüßiges Ziegen-Mensch-Wesen am Schwanz fest packt, das seinerseits zum großen Schlag ausholt, um sich zu erwehren.

Zwei große Fabel-Vögel, die um eine Schlange streiten, an der sie in unterschiedlichen Richtungen ziehen und zerren. Während sich ein Teufel von links einzumischen sucht.

Ein Pferdmensch, ein Kentaur, der nach einer Girlanden-Frucht greift und doch gleich selbst von dieser gepackt wird.

Es ist eine Welt, die mit sich im dauernden Kampf ist. Der eben noch frisst, wird gefressen. Der eben noch erbeutet, wird zur Beute. Der eben noch obsiegt, wird Opfer.

Es ist eine Welt voller unfassbarer Schrecken und Bedrohungen, die die Menschen des frühen Hochmittelalters um sich herum sahen. Die Welt ist voll von Dämonen wie Sturm, Epidemien, Krieg, Tod. Und voll von Dämonen in uns. Krankheiten und Abgründe. Schrecknisse überall, die sich die Menschen nicht erklären konnten und denen sie doch erlagen. Denen sie aber Bild und Gesicht und Geschichte geben konnten. Wie hier im Portal von Trani.

Unter Segeln: Einhand durch die Straße von Otranto. Von Brindisi nach Othonoi.

Es gibt vielleicht spannendere Seegebiete, fremdere Küsten und atemberaubendere Abenteuer, die andere Segler bestanden haben, als langsam mit LEVJE die italienische Küste hinabzugleiten. Doch wie mein Alltag auf einem Segelboot aussieht, wie es ist, zu segeln, noch dazu allein, davon kann ich nicht genug bekommen. Dieses Buch mit Geschichten über das Meer wäre nicht vollständig, wenn nicht gelegentlich etwas von meinem Segelalltag durchschiene. Auch ist es Zeit, Italien zu verlassen. Ich bin bereit für Griechenland. Die Überfahrt von Brindisi/Italien nach Othonoi/Griechenland ist daher etwas, das mich für immer begleiten wird.

Ich wache auf. Es ist 3 Uhr Morgens. Dunkel und ruhig draußen. Am Abend vorher hatte es noch aus Südost mit bis 35 Knoten in den Hafen von Brindisi geblasen, aber mit einem Schlag war alles vorbei. Ein leichtes Lüftchen noch aus Nordwest. Als wäre nichts gewesen.

Ich halte die Uhr in der Dunkelheit vor meine Augen. Dann mache ich Licht, stehe auf und höre im Funk den Wetterbericht. Zuerst den italienischen auf Kanal 68. Die immer gleiche Stimme, die ich nun seit vielen Jahren vom Segeln her kenne, ist beruhigend. Dann hole ich mir die neuesten Berichte aus dem Internet. Sie besagen dasselbe wie die vertraute Stimme von Kanal 68. Heute Nordwest bis 5 Beaufort nördlich Othonoi, da wo ich hin will, nach Griechenland, sogar 6 Beaufort. Morgen kein Wind. Danach drei Tage mit 5 bis 6 Beaufort aus Nordwest, drehend auf Süd.

Morgen kein Wind und danach genau Wind aus der Richtung, in die ich will: Das kann ich so gar nicht brauchen. Also: Entweder fahre ich heute gemütlich an der italienischen Küste bis zum idealen Absprungpunkt Castro.

Und dann morgen mit 0 Wind UNTER MOTOR über die Südadria zur nächstgelegenen griechischen Insel Othonoi, nördlich Korfu. Oder ich nutze heute die 5 bis 6 Beaufort aus achterlichen Richtungen und fahre HEUTE die ganze Strecke UNTER SEGELN. Von Brindisi weg. In einem Rutsch. Dafür habe ich auf meinem Kurs nach Südosten den richtigen Wind. „Achterlich" bedeutet: Der Wind „schiebt" mich zuerst mit 5, am Ende 6 Windstärken durch die Straße von Otranto nach Griechenland. Aber ich werde lange, mindestens 18 Stunden, unterwegs sein. Das bedeutet: Jetzt um 3 Uhr morgens los, damit ich in Griechenland noch etwa im Hellen ankomme und sehe, wo ich ankern kann. „Den Landfall am Tag machen", nennt man das. Aber: 18 Stunden bis zur Ankunft um 21 Uhr nicht schlafen.

Ich mache mir einen Tee und ziehe mich an. Draußen schaue ich das Wetter an. Alles dunkel in der Ostecke der großen Hafenbucht, in der ich in der LEGA NAVALE, einem der beiden großen italienischen Segelclubs, liege. Alles ruhig. Kein Hauch. Auch nicht die 5 Beaufort aus Nordwest. Das sieht gut aus.

Also los. Heute. Das ganze Stück. Ich bin bereit. Und LEVJE ist es auch.

Ich sehe mir den Motor an. Prüfe den Ölstand. Kontrolliere, ob die Motorbilge trocken ist. Die Motorbilge ist der

Raum unter dem Motor. Steht dort Wasser, steht dort Öl, ist das ein Alarmsignal, dass etwas mit dem Motor nicht stimmt. Dann teste ich, ob alle Lichter funktionieren. Ich schalte das Dampferlicht ein, das Hecklicht und das rot-grüne Buglicht. Und zum Ablegen auch das Topplicht, damit ich weiß, woher der Wind weht. Licht auf einem Schiff: Es ist nicht dafür da, das Dunkel irgendwie zu erhellen. Sondern Licht auf einem Boot sorgt nur dafür, dass andere einen sehen, identifizieren und auch die Fahrtrichtung einschätzen können. Die Lichterführung auf einem Schiff ... Sie ist so eine Art Visitenkarte, die man anderen in der Dunkelheit auf dem Meer überreicht – mit freundlichem Hinweis, in welcher Richtung man gerade unterwegs ist.

Ich starte den Motor, höre ihm einen Moment zu, ob er ruhig läuft und gleichmäßig. Ob ich ihm trauen kann, auf den nächsten zwei, drei Seemeilen raus aus dem Hafen und der großen Bucht von Brindisi. Ich ziehe mir die Schwimmweste an. Das habe ich mir zur Regel gemacht: wenn die Sonne weg ist, Schwimmweste an und Lifebelt tragen. Noch einmal um mich schauen in der nachtschwarzen Marina. Dann nach oben in den Verklicker, woher der Wind weht, während ich ablege. Dann mache ich zuerst die beiden Heckleinen los, meine letzte Verbindung zum festen Land, zum Fest-geborgen-Sein. Ich gehe nach vorne, ziehe uns an der Mooring etwa zehn Meter aus der Box Richtung Hafenmitte. So, dass LEVJE etwas Schwung hat und von allein ins Hafenbecken gleitet. Es ist besser, in der Box mit dem Gewirr an Grundleinen nicht mit dem Motor zu arbeiten. Dann gehe ich zurück in die Plicht, lege den Vorwärtsgang ein. Und tuckere langsam ins Bacino, das Hafenbecken von Brindisi. Ein paar Fischer mit ihren flachen, ungedeckten Booten sind unterwegs, alle fahren nach draußen. Drei, vier, fünf, sechs kleine Lichter wie Glühwürmchen auf dem Wasser, die alle wie an einer Schnur gezogen auf das Nadelöhr der engen Ausfahrt aus dem Stadthafen zielen, um dann durch den riesigen Industriehafen, vorbei an Containerschiffen und Frachtern, nach draußen zu ziehen. Ich lasse LEVJE einen Moment treiben, die Fischer holen wir später wieder ein, und räume Fender und Leinen auf. Das braucht Zeit. Bis alles seefest verstaut ist, vergehen zehn Minuten.

Dann sind wir so weit. Es geht los. Ich gehe auf 5 Knoten Geschwindigkeit, lege auf dem Autopiloten Kurs auf die Engstelle, die Ausfahrt aus dem inneren Hafen von Brindisi. Herrlich, so nachts allein unterwegs auf dem Boot. Ich sollte das öfter machen. Aber es schlaucht zu sehr, ich bin nach einer Nacht mit Nachtwachen zwei Tage nicht mehr zu gebrauchen. Es schafft einen. Drum lass ich‘s lieber und fahre lieber morgens so, dass ich abends im Hellen ankomme.

Langsam dämmert es, im Osten wird‘s heller. Wir gehen durch den großen Außenhafen von Brindisi, vorbei an den hell erleuchteten Containerschiffen. Außer den Fischern und uns ist keiner auf den Beinen. Wir erreichen die Mole, die große Außenmauer. Darüber wollte ich auch immer mal etwas schreiben: Wie errichtet man eigentlich auf 23 Metern Wassertiefe eine Betonmauer? Ein Projekt für später.

Gleich nach der Mauer wird‘s kabbelig und ungemütlich, wie immer. Der angekündigte Nordwest ist mit 3 Beaufort da und erzeugt schon mal etwas Schwell auf die Küste zu. Schwell: Das sind seitliche Wellen, die das Boot hin- und her werfen. Ich setze die Fock, aber der Wind ist noch zu schwach. Also motoren wir, Kurs 125 Grad, erst mal parallel zur Küste.

Sobald die Sonne da ist, wird‘s auch gleich warm. Schwimmweste, Pullover, lange Hose, Socken, alles, was gegen die Kühle der Nacht half, ist jetzt schlagartig zu warm. Raus aus den Klamotten. Ich werde müde. Die See ist herrlich an diesem Morgen, die Weite, die Salzluft, die Wellen, die weit entfernte Küste. Der Wind nimmt langsam zu und dreht mehr auf Nord. Gegen 7 Uhr kann ich den Motor abstellen. Wir segeln unter Fock, knapp 5 Knoten. Das ist mir aber zu langsam, ich setze auch das Groß. Allerdings mit zweitem Reff, wer weiß, nur heute nicht übermütig werden und vom Start weg zu viel Segelfläche drauf haben. Bei diesem Raumschots-Kurs und bei dem Seegang mal sachte anfangen. Aber es reicht. LEVJE spurt mit 5,5 Knoten auf der Logge und über 6 Knoten am GPS. Keine Klagen. Das geht flotter, als ich dachte.

Wie immer ist der Anblick des Meeres faszinierend.

Was den Anblick der See angeht, kenne ich zwei Kategorien von Menschen: Solche, die sagen: „Langweilig. Da passiert ja nix." Und solche, für die das wie Kino ist. Ganz großes Kino. Ein Kino, in dem man nichts mehr braucht, an nichts mehr denkt, kein Popcorn, kein irgendwas, ums dröge Dasein zu versüßen. Nur noch großartiger Film.

Ich gehöre zur letzteren Sorte Mensch. Die Erste, die mich darauf aufmerksam machte, war Gudrun Caligaro, deutsche Einhandseglerin, die 1987 bis 1989 mit nur viermal Anlegen auf einem 28-Fuß-Boot, nicht mehr als 8 Meter, die Welt umrundete. In ihrem fantastischen Buch „Ein Traum wird wahr" schwärmt sie viele Seiten lang vom Anblick des Meeres. Fast das ganze Buch, so scheint es mir, dreht sich nur darum: um den Anblick des Meeres. Sie hatte ihn auf ihrer längsten Etappe mehrere Monate. Tag für Tag. Woche für Woche. Monat für Monat. Langweilig war ihr dabei nie. Tatsächlich ist das Meer unglaublich. Ein Anblick, der nichts mehr vermissen lässt.

Es ist, als ob eine innere Taste gedrückt wird auf: „Komplett entspannen." Ich muss kein Buch mehr lesen, keinen Film mehr sehen, keine Teile mehr fürs Boot kaufen, mit nichts Unnützem die Zeit vertun. „Komplett entspannen." Einfach den Wellen zusehen.

Der Anblick des Meeres ist so, dass ich auf längeren Fahrten wie jetzt auf dem Boot herumwandere. Auch im Seegang gehe ich vor bis zum Want. Halte mich fest und schaue lange dem Vorsegel zu, wie es arbeitet. Oder gehe ans Vorstag, das ist dann wie Aufzugfahren, ein Auf und Ab in den Wellen, rauf und runter. „Aufzug“, weil hier die horizontale Bewegung von LEVJE am lebhaftesten ist. Tief taucht der Bug ein in die Wellen. Um sich im nächsten Moment über den Kamm einer darunter durchgehenden Welle zu schieben. Rauf und runter eben. Aber am gemütlichsten ist es bei Lage oben unter dem Großbaum. Da sitze ich und sehe den Frachtern zu, die uns langsam überholen. Es ist auch eine Fähre dabei, die ich kenne. Sie kommt aus Izmir, dem alten Smyrna. Ich habe sie oft vor Triest gesehen und ich rechne schnell nach, dass sie für die 500 Seemeilen von hier nach Triest noch ungefähr 24 Stunden brauchen wird. Immer gibt es irgendetwas zu sehen. Ein Trawler, der seine Arbeit macht. Ein Fischkutter, der Schlangenlinie fährt auf der Jagd nach einem Schwarm. Eine Seeschwalbe, die das Boot umkurvt. Selten ein Delfin, der mitschwimmt. Irgendein Frachter, von dem ich weiß, wie es jetzt gerade auf der Brücke zugeht, weil ich zweimal mitgefahren bin auf einem Containerfrachter.

Bis Mittag sind wir im Schnitt mit fast 7 Knoten unterwegs. Das ist richtig schnell. Der Wind, aber auch der in der Adria herrschende Strom schieben mit. Alles passt. Nur die Müdigkeit macht etwas zu schaffen. Eine Viertelstunde die Augen zu, das wär‘s jetzt. Gegen 13 Uhr dreht der Wind dann zurück auf Nordwest. Und er lässt langsam nach. Langsam. Dann mehr. Noch mehr. Bis mein Windmesser noch 4 Knoten Wind anzeigt bei 4,5 Knoten Fahrt. Ich überlege. Motor starten? Und lasse mir Zeit mit meiner Entscheidung. Nach einer halben Stunde ist der Wind plötzlich wieder da mit 11 bis 14 Knoten scheinbarem Wind. Aber er kommt deutlich achterlicher, ich kann meinen Kurs von 125 Grad nicht mehr halten, muss auf 110 Grad, dann 100 Grad gehen – das bedeutet Kurs auf die albanische Küste und nicht mehr die nördlichsten griechischen Inseln. Ein bisschen kann ich „zwicken“, aber die Gefahr einer Patenthalse in den Wellen ist zu groß, ich sichere den Großbaum zusätzlich zur Baumbremse mit einem Bullenstander, einer schweren Leine nach vorne.

Othonoi kommt in Sicht. Obwohl Rod Heikell in seinem Handbuch schreibt, dass man die Insel oft erst aus ein, zwei Seemeilen Entfernung ausmachen könne im Dunst, sehe ich sie schon 35 Meilen vorher. Gegen 16 Uhr haben wir immer noch 17 Meilen vor uns. Der Wind wird stärker, die Fahrt wird immer schneller, die Wellen immer höher. Aber weil ich das Großsegel habe stehen lassen, sind wir fast so schnell wie die Wellen, die größer und größer werden. Es ist unglaublich. Sie heben, weil der Wind fast genau von hinten kommt, LEVJE nicht mehr zur Seite aus, sondern laufen genau unter ihr durch: Heben erst ihr Heck an (Bug nach unten). Rauschen dann gewaltig unter uns durch. Heben dann den Bug an, wenn das Heck sowieso am tiefsten Punkt im Wellental steht.

Es ist unglaublich, wie mich dieses Schauspiel gefangen nimmt. Ich habe keine Angst. Obwohl ein Querschlagen des Bootes, weil mich dann die Welle urplötzlich seitlich träfe, wirklich blöde Folgen hätte. Eigentlich ist es eine Situation, um wirklich Angst zu haben. Aber die Wellen sind einfach zu schön, zu fantastisch. Statt zu bibbern, schalte ich in Seelenruhe die Navigation auf dem iPad aus, um mein Lieblingsstück auf dieser Reise zu hören: Vivaldis „Il Riposo per il San Natale“, ein langsames, langsames Stück, Violinen zerbrechlich wie Glasharfen, zerbrechlich wie die neben LEVJE kippenden Wellenspitzen, durch die die tief stehende Sonne wie durch hellgrünes Glas hindurchscheint. Hier ist es: das Glücklich-Sein.

Als ich die Inseln Othonoi und Errikoussa erreiche, nimmt der Wind vollends zu. In den Wellen, zu denen ich inzwischen gelegentlich hinaufschauen muss, bringe ich mein Schiff kurz in den Wind, um beizudrehen. Binde LEVJEs Pinne fest, öffne das Großfall, spurte nach vorn zum Mast und zerre das Groß herunter, das nicht fallen will. Danach renne ich wieder zurück ins Cockpit und falle unter Fock ab auf meinen alten Kurs.

Als ich Othonoi südlich umrunde, gehen die Böen hoch auf 30, 35 Knoten. Der Düseneffekt zwischen den Inseln. Vorher zu reffen, die Segelfläche gezielt zu verkleinern war eine gute Idee. Ich denke an meinen alten Segellehrer: „Reffen soll man dann, wenn man das erste Mal dran denkt." LEVJE läuft immer noch unter Fock, der Wind zerrt und rüttelt beängstigend an Tuch und Vorstag, wenn ich nicht sauber Kurs halte. Es pfeift. Gischt weht waagrecht übers Vordeck.

Das kenne ich aus der Türkei, hab`s aber erst einmal auf LEVJE erlebt. Sie hält unter Fock sauber Kurs. Selbst auf die kurze Strecke von der Insel baut sich schnell ablandiger Schwell auf. Meine Navigation auf dem iPad zeigt außerdem einige blöde Unterwasserfelsen an, also Vorsicht. Sauber navigieren. Die Müdigkeit ist jetzt wie weggeblasen.

Es ist kurz nach 19 Uhr. Die Sicht ist schlecht, weil der Hafen genau unter der untergehenden Sonne liegt. Ich blinzle aufs Wasser, sehe nichts im Glitzern des Meeres. Wäre da jetzt ein Felsen genau voraus nur drei Zentimeter verborgen unter der Wasseroberfläche: Ich würde ihn nicht erkennen. Ich kann mich nur auf das Navigationsprogramm NAVIONICS auf dem iPad und die Sichtnavigation verlassen.

Aber alles klappt sauber. Ich umrunde die kritischen Stellen, dann sehe ich die Segelyachten in der Hafenbucht von Othonoi, direkt unterhalb der Felsen. Als ich nicht mehr Kurs halten kann, hole ich die knatternde Fock ein, starte den Motor. Der „Final Approach" beginnt. Ich habe den Wind jetzt direkt von vorne und die Sonne auch, aber die wird gleich hinter den Bergen verschwinden. Der Wind aber bleibt. Er zerrt und rüttelt an allem, trotzdem schafft LEVJE es erstaunlich locker, den Bug im Wind zu halten. Ich gebe mehr Gas. Vorsicht – die Unterwasserklippe Yph Aspri Petra, die vor der Einfahrt in die Hafenbucht liegt. „Bau jetzt bloß keinen Scheiß, ja." Aber ich bin erstaunlich ruhig und ganz klar. Erst mal an den Hafen ran. Dann gucken und den besten Ankerplatz finden. Dann den Anker fallen lassen. Dann was Warmes kochen, Risotto mit Fisch und Wein vielleicht?

Langsam robben wir uns durch den Starkwind an die Hafenbucht heran. Als ich die Hafenmole passiere, dreschen die Böen nicht mehr gar so auf uns ein. Das Wasser ist jetzt glatt bis auf die Fächer, die die darauffallenden Böen erzeugen. Ich drehe eine Runde um die ankernden Yachten, bis ich „meinen“ Platz gefunden habe, renne nach vorne, mache den Anker klar zum Fallen. Ein letzter Aufschießer in den Wind, ran ans Heck einer belgischen Yacht, da sind Kinder auf dem Schlauchboot, also Manöver abbrechen, noch mal eine Runde drehen, Aufschießer ans Heck des Belgiers, aufstoppen, Anker fallen lassen, ungefähr 25 Meter Ankerkette raus auf vier Meter, das sollte reichen bei 30 Knoten Böen. Wir laufen rückwärts, und – der Anker greift sofort. Und hält. Ich gebe rückwärts richtig Gas, aber er hält. Meine Peilmarken an Land „stehen“. Motor aus. Es ist 20 Uhr. Jetzt kochen. Dann LEVJE aufräumen nach dem Tumult. Unten sieht’s übel aus. Und dann: Gute Nacht!

Die Nacht ist unruhig. Die Böen halten unvermindert an, selbst im Hafen pfeift es mit 30 Knoten. Bei solchen Bedingungen schlafe ich praktisch mit einem offenen Ohr. Die vielen Geräusche an Bord. Der Wind, der in den Wanten pfeift. Eine Persenning, die in Böen schlägt. Das Hin und Her des Bootes an seinem Anker in den Böen. Ich schlafe also mit offenem Ohr. Und wecke mich nachts selber auf: „Los. Steh auf. Schau, ob die Bucht noch da ist. Und der Anker hält.“

Dreimal stehe ich nachts auf, schaue verschlafen aus dem Niedergang, ob der Wind uns Richtung Hafenmole drückt. Mache verschlafen meinen Rundgang an Deck. Kontrolliere, ob der Anker in den Böen hält, indem ich anhand der Lichter, die ich mir am Abend eingeprägt habe, überprüfe, ob LEVJE noch immer in der gleichen Position wie am Vorabend liegt. Beobachte das Wetter und die Bewegungen des Schiffes.

Aber alles ist sicher. LEVJE schwingt in den Böen und der Anker hält. Am Morgen ist der Spuk vorbei. Alles ist ruhig, das Wasser ist still und kaum bewegt. Ein türkisfarbener Samt, bei dem man sich fragt, ob es jemals anders gewesen sein kann in den letzten Tagen.

Als wäre nichts gewesen. Nur mein Flaggenstock samt meiner tiefblauen Europaflagge: den hat der Wind aus der Halterung gerissen. Oder ein wütender Grieche am Morgen, als ich tief im Schlaf lag?

TEIL III.
GRIECHENLAND.

Die Route.

Othonoi
Errikousa
Korfu
Preveza
Othonoi
Errikousa
Korfu

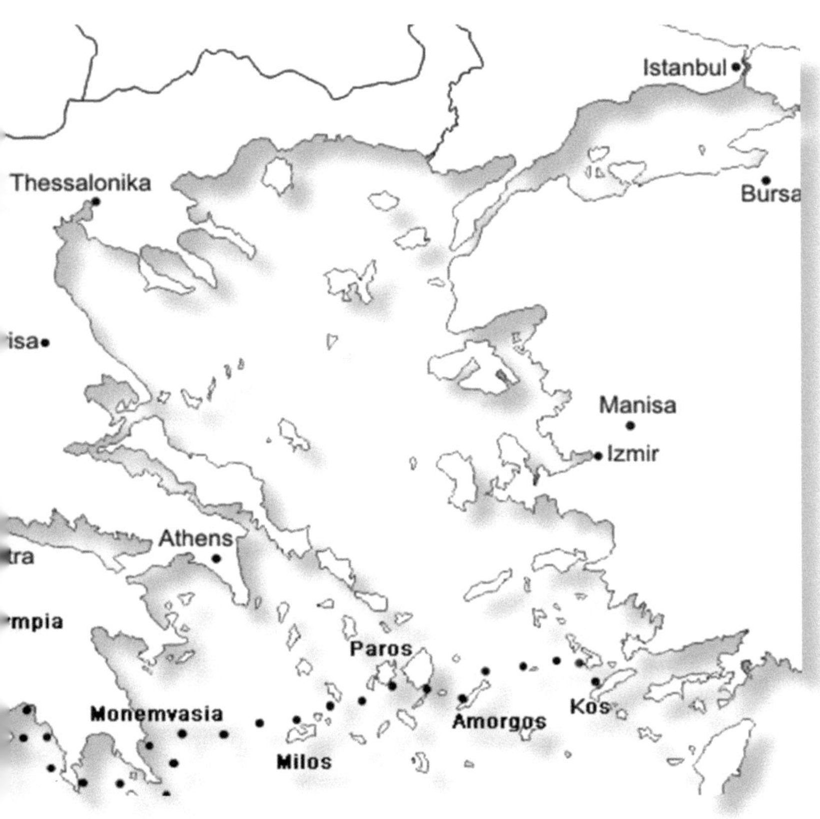

Preveza
Lefkas
Nidri
Ithaki
Olympia
Westpeloponnes
Monemvasia
Agios Fokas
Von Monemvasia nach Milos

Die vergessenen Inseln:
Die nördlichsten griechischen Inseln: Errikousa.

Wie viele Inseln hat das Mittelmeer? Mit manchen Wahrheiten ist es schon vertrackt: Man weiß zwar, dass es eine exakte Antwort auf die Frage gibt. Aber es gibt niemanden, der diese Antwort wirklich kennt. Kein Mensch. Kein statistisches Landesamt. Kein Internet. Kein Nobelpreisträger. Dazu zählt zum Beispiel die Frage, wie viele Sandkörner an einem Sandstrand liegen. Oder die nach der durchschnittlichen Wassertiefe des Mittelmeers. Oder wie viele Inseln das Mittelmeer hat.

Die Liste dieser Fragen ist beliebig lang. Und es tut gut, sie sich gelegentlich in Erinnerung zu rufen. Gehen wir also an diesem Nachmittag einfach mal der Frage nach: Anzahl Inseln Mittelmeer? Eine Antwort kann man auf verschiedene Arten finden. Man kann sich‘s einfach machen und zum Beispiel die Zahl „42“ sagen – laut Douglas Adams „Per Anhalter durch die Galaxis“ die Antwort auf die eine, die „ganz große Frage“. Findig. Strukturierter ist das Vorgehen, die Inseln zu zählen, die einem einfallen.

Vielleicht am besten von links nach rechts, also von West nach Ost. Wie folgt: Ibiza, Mallorca, Menorca, sind schon mal drei. Sizilien, Sardinien, Korsika ... drei mehr. Und dann?

Capri, Ponza, Ischia. Weiter: Die Tremiti-Inseln … Drei plus vier. Und wie geht's weiter in Kroatien? Palagruza, Susak, Unije … oh je! Tatsächlich ist die Zahl der Inseln im Mittelmeer weit größer, als wir an den Fingern abzählen können. Die nächste Methode der Wahl: Versuchen wir es mal mit reiner Schätzung:

100? 300? 3.000?? 10.000???
Mehr?

Also. Schreiben Sie Ihre Zahl auf einen Zettel. Wir kommen der Wahrheit gleich näher. Wir denken jetzt einfach an all die Inseln, denen wir gute Momente im Leben verdanken. Verweilen wir also einen kleinen Moment bei den „Vergessenen Inseln". Und freuen wir uns einfach darüber, dass es so ist, wie es ist. Mit den in Wahrheit fast 10.000 Inseln im Mittelmeer. Und wie es in diesem Sommer sein wird.

Italien besitzt über 200 Inseln, Eilande, Riffe. Kroatien über 1240. Griechenland über 6000. Damit verwaltet Griechenland rund 82 Prozent aller Mittelmeerinseln. Ihre Fläche beträgt aber nur ein knappes Viertel der gesamten Mittelmeerinseln, sagt Wikipedia.

Schon klar: Zypern, Malta, Sardinien, Korsika, Sizilien, die Balearen sind die Flächensieger. Aber was die Anzahl der Inseln angeht, liegt Griechenland klar vorne. Und wer gerne eine Liste mit den Namen aller Inseln hätte: bitteschön.

Fangen wir doch etwas weniger strapaziös an mit den nördlichsten beiden Inseln in Griechenland. Über Othonoi schrieb ich bereits. Hier kam ich an, in Griechenland, vor wenigen Tagen. Ein paar Seemeilen östlich liegt Errikousa: klein, flach, grün. Und das Grün entpuppt sich als Zypressen, die in der wilden Macchia zuhauf stehen. Die Phönizier haben sie angeblich aus dem Osten mitgebracht. Phönizier, die Purpurhändler aus Tyros. Als nach dem großen Zusammenbruch aller Kulturen und des Handels im östlichen

Mittelmeer um 1100 vor Christus die dunklen Jahrhunderte anbrachen, waren die Phönizier aus Tyros im heutigen Libanon um 900 vor Christus die Ersten, die wieder aktiv Handel trieben, ja, mehr noch: ihre Handelsaktivitäten weit über das Gebiet der vorher den Handel beherrschenden Kreter und Mykenier ausdehnten. Sie waren Händler und Homer mochte sie nicht recht leiden. „Krämerseelen“, nannte er sie. Aber sie waren perfekte Seefahrer. Und unsere Schrift verdanken wir diesen Krämern. Und die Zypressen.

Die Römer waren es, die die Zypressen richtig kultivierten und anpflanzten. Um Öle und Wundarznei daraus herzustellen. Da Errikousa und Othonoi wichtige Stationen auf der alten Seefahrtsroute zwischen Griechenland und Italien sind, ist davon auszugehen, dass die Zypressen schon lange auf der Insel heimisch sind.

Auf Errikousa gibt es mehrere, aber bei vorherrschenden nördlichen Winden nur einen guten Ankerplatz: die große Südbucht. Im Moment sind wir mit LEVJE in Errikousa ziemlich allein. Das Leben geht einen langsamen Gang.

Die Fähre, die einmal am Tag kommt, bringt eine Handvoll Badegäste und Brot und Fleisch für die beiden Restaurants. Ein paar Segler, auf der alten Route unterwegs.

Maggie, die hier geboren wurde, in New York lebt, aber ihren Sommer mit den Kindern hier verbringt, sagt, ab Mitte Juli würde es voll werden. Nein, nicht Touristen. Sondern Amerikaner. Um 1980 lebten auf Errikousa noch etwa 1000 Menschen. Heute sind es noch 40: 10 davon Griechen, 30 Albaner, die die Arbeit machen und sich angesiedelt haben. Alle anderen sind ausgewandert, überwiegend nach Amerika. Aber einmal im Jahr: Da kommen sie und ihre Kinder wieder auf die Insel, um sich hier zu treffen. Und Ferien zu machen.

Ganz vergessen ist die uralte und wunderschöne Insel Errikousa dann doch nicht.

Die vergessenen Inseln: Und was geht ab, mittwochs auf Errikousa?

Mittwochmorgen, gegen 8:30 Uhr, in der Bar von Achill und Penelope: Spiro, 76, sitzt da und rührt in seinem Kaffee. Er sieht eigentlich nur zur Hälfte aus wie ein Grieche, die andere Hälfte ist etwas ganz anderes. Als ich ihn anspreche, ist sein Englisch perfekt. Genauer: sein Amerikanisch. Spiro wurde hier auf Errikousa geboren. Wie sein Vater. Aber 1952, da holte sein Vater ihn nach New York. Mit 14. Der Vater hatte in der amerikanischen Armee gegen die Deutschen gekämpft. Und dafür die US-Staatsbürgerschaft erhalten.

Also ging Spiro weg von Errikousa. Nach New York, wie sein Vater. Zuerst Handelsschule. Dann Einstieg ins Immobiliengeschäft. Als ich ihn frage, wo er da wohnt, rührt er weiter ungerührt im Kaffee: „Long Island".

Spiro hat's gepackt. Als ich ihn mit der Bemerkung kitzle, „You made a fortune" – „Du hast also dein Glück gemacht", bleibt Spiro ungerührt: „If you don't earn money in New York you won't earn money anywhere." Was für eine Aussage. „Wenn du in New York kein Geld verdienst, dann nirgends", meint er.

Jeden Sommer verlässt Spiro Haus und Familie auf Long Island. Und geht allein zurück nach Europa. Zuerst nach Berlin. Dann nach Errikousa, zurück zu seinen Wurzeln. Er lebt da acht, neun Wochen im Haus seiner Eltern, oben auf dem Hügel. Geht raus aufs Meer zum Fischen mit Nachbarn.

Derweil plagen Achill, den Barbesitzer, andere Überlegungen. Vor 20 Jahren ist er wie seine Frau aus Albanien geflohen. Hat zuerst ohne Papiere in Korfu in Restaurants geschuftet. Kam dann ins heute fast verlassene Errikousa, wo vor 30, 40 Jahren noch über 1000 Einwohner lebten. Die meisten von ihnen gingen nach Amerika. So wie Spiro. Heute hat Errikousa noch 40 Einwohner. Zehn Griechen. 30 Albaner. Achill und seine Frau haben sich auf Errikousa etwas geschaffen. Die Bar. Ein kleines Restaurant. Den einzigen Laden mit frischem Obst und Brot. Wegen der zwei Söhne wollte Achill die griechische Staatsbürgerschaft annehmen. Büffelte Tag für Tag für den Staatsbürgerschaftstest. Auch griechische Kunst und Geschichte. Und fiel durch, als er nach dem Vornamen des Architekten des Parthenon gefragt wurde. Er wusste zwar, dass das Kallikrates war. Aber es war eine Fangfrage, denn Kallikrates hat gar keinen Vornamen.

Errikousa: Das ist Achills Ding. Er ist stolz darauf, dass sie für die vier auf der Insel aufwachsenden Kinder einen Lehrer gewinnen konnten, der kostenlos hier wohnen kann. Wenn Achill zwischen seinen Gästen steht, dann lacht er von einem Ohr zum anderen. Es ist sein Ding. Aber jetzt überlegt er, vielleicht wegzugehen. Nach London. Ein Restaurant eröffnen. Mit 38 noch mal neu starten. Der Kinder wegen. Denn die haben keine Chance, obwohl in Griechenland geboren, auf einen griechischen Pass. Also wird Achill, wenn die kurze sechswöchige Saison auf Errikousa vorbei ist, mal nach London gehen. Und sich das ansehen. „Da sind viele von uns“, sagt er, „und machen in der Gastronomie ihr Ding.“

In Errikousas einzigem Hotel schräg gegenüber beglückwünscht mich Alex, der Hotelbesitzer, zum Gewinn der WM. Es war hoch hergegangen vor seiner Großleinwand beim Endspiel unterm Vollmond. Klar war das Endspiel spannend.

Aber der Blick hinaus in die weite Bucht, wo LEVJE allein unterm Vollmond lag, lenkte mich immer wieder ab. Es war einfach zu schön. Bis zu Mario Götzes Tor wusste ich nicht, wie viele Deutsche auf der Insel sind. Als Mario Götze traf, johlte der halbe Saal. Getreu dem alten englischen Spruch „Fußball ist ein Spiel, das 22 Leute spielen und am Ende gewinnen immer die Deutschen" hatte die andere Hälfte des Saals, überwiegend Italiener, gejubelt bei jedem deutschen Ballverlust. Die anwesenden Deutschen hatten sich seeeehr zurückgehalten.

Ich gratuliere Alex zum vollen Haus an dem Abend. Er blickt einen Moment aufs Meer, so als könne er mit diesem Blick einen Ausflugsdampfer mit 700 Gästen herbeirufen. Und sagt: „Eigentlich müsste es um diese Zeit jeden Abend so sein."

Am nächsten Tag herrschen am Strand Ferienstimmung und Sommerfreuden bei den fünf, sechs Handvoll Badenden. Die meisten sehen griechisch aus und sprechen amerikanisch. Wie Maggie, selbst hier geboren, aber heute in New York lebend, es mir vor ein paar Tagen prophezeite: Mitte Juli kommen die Amerikaner nach Errikousa, die Nachfahren der Ausgewanderten. Das Leben könnte schön sein an einem Mittwoch auf Errikousa.

Reden wir mal über: Nachts allein auf dem Meer.

Felix aus Ismaning bei München schreibt mir und fragt: Ob ich nicht Angst hätte, nachts allein auf dem Meer? Darauf gibt es nur eine ehrliche Antwort: Meistens nein. Aber manchmal schon.

Es gibt Nächte, die erlebe ich mit Grummeln. Wie etwa die vorletzte Nacht morgens um 02:30 Uhr, als Gewitter über LEVJE und mich hinwegzogen und die Nacht erschreckend hell erleuchteten. Ich beobachtete fasziniert, wie ein ums andere Mal Blitze in der Entstehung, offensichtlich noch bevor sich die typischen Adern oben und rechts richtig ausbilden konnten. Es war wie eine Explosion, die nur etwa einen Kilometer von mir entfernt stattfand. Wenn ein Gewitter ist nachts, dann bin ich wach und an Deck und beobachte, ob der Anker hält. Wie sich der Wind und das Schiff verhalten, ob es fest vor Anker liegt oder langsam ans Ufer getrieben wird. Es ist nicht unbedingt Angst. Aber Sorge. Und Wachsamkeit. Das geht manchmal einige Stunden. Die Nacht auf dem Meer ist kein Grund, Angst zu haben. Meist ist das Meer ruhig und nur leicht bewegt.

Im Gegenteil: Die Nacht auf dem Meer ist wunderschön. Alles ist intensiver. Ein Gewitter. Der Mond. Ein lauer

Wind, der LEVJE in der Dünung leicht schaukeln lässt. Die Nacht ist sogar so schön, dass ich mindestens einmal aufstehe und an Deck gehe. Jede Nacht. Und mir das nächtliche Meer ansehe und auf die Geräusche höre. Gerade jetzt, bei Vollmond, ist das Meer unglaublich schön. Der Mond zeichnet eine lange goldene Straße auf das Wasser und die führt genau zu LEVJE, auf der ich stehe.

Ich erinnere mich noch an meine erste Nacht, in der ich auf dem Meer segelte. Es war während der Ausbildung zu einem Segelschein in Kroatien, vor vielen Jahren, und eine meiner ersten Reisen auf einem Segelschiff. Ich war eingeteilt für die zweite Wache: Um 1 Uhr weckten sie mich und ich sollte das Ruder übernehmen und das Schiff durch die Nacht segeln. Urplötzlich stand ich, eben aufgewacht aus tiefem Schlaf, an Deck. Ich kam aus dem Staunen über die Schönheit einer Mondnacht auf dem Meer damals nicht mehr heraus, so tief waren die Eindrücke. Der leichte warme Wind, der die Yacht damals über den Quarner trieb, hinüber zur Insel Cres. Die Leuchtfeuer an der Küste. Die goldene Straße, die genau auf unser Schiff, die SUNNY JOY, zuführte und das Meer in weitem Rund erleuchtete. Es gibt nicht viel Schöneres als eine Mondnacht auf dem Meer.

Gelegentlich passiert wie letzte Nacht aber auch Folgendes: Während ich an Deck saß, zischte eine Sternschnuppe vor uns über den nächtlichen Himmel. Sie war ungewöhnlich lange zu sehen: ihr glühender Schweif, ihr Licht am Horizont. Die qualmende Rauchfahne, die noch einem ganze Weile den Weg markierte, den die Sternschnuppe genommen hatte. Am Ende zerplatzte sie in mehrere Trümmer, die über den Himmel stoben, auseinanderflogen. Und verglühten. Nein. Die Nacht auf dem Meer ist kein Grund, Angst zu haben. Aber manchmal schon. Und: Die Nacht auf dem Meer, sie ist eher ein Grund, um glücklich zu sein.

Die vergessenen Orte:
In Korfu.

Von Errikousa segle ich nach Korfu. In Korfu Stadt, genau zu Füßen der alten venezianischen Festungsmauern, gibt es einen Yachthafen. Port Mandraki ist der Hafen des Segelclubs Korfu und genau dahin hat es uns verschlagen. Wieder einmal war altes Gemäuer anziehender als die moderne Sportboot-Marina von Gouvia, ein paar Seemeilen weiter westlich. Es ist ein kleiner Hafen, nur durch eine Mole, die nicht mehr ist als ein Steinmäuerchen, vom Meer getrennt. Port Mandraki kann man von der Stadt aus nur durch die Festung betreten. Und selbst Pat, der wieder und wieder in Korfu war, kannte den Weg durch die Festung nicht.

Aber der eigentliche Luxus besteht in ganz etwas anderem: In Korfu selbst gibt es keinen Strand. Die Stadtbewohner müssen, wenn sie schwimmen wollen, heraus aus der Stadt, nach Süden. Korfu-Stadt steht einfach nur auf einer felsigen Landzunge. Aber direkt neben Port Mandraki gibt es, eingezwängt zwischen zwei Bastionen, einen winzigen Strand. Den kennt kaum jemand. Am Morgen schwimmen hier nur ein paar alte Damen aus der Stadt. Tagsüber ein paar Familien. Man liegt unter Olivenbäumen im Gras. Und lauscht dem Lärm der Zikaden.

Ganz oben auf der Festung thront der Leuchtturm. Und der Blick vom Leuchtturm ist atemberaubend. Aber Port Mandraki hat noch eine Besonderheit: Die Musikhochule der Insel Korfu ist genau über dem Yachthafen im alten Gemäuer der venezianischen Festung untergebracht. Den lieben langen Tag brahmst und mendelsohnt und tonleitert es vor sich hin.

Auf dem Piano, der Violine, dem Cello. Vergebens lausche ich, ob nicht etwas dabei ist, was mir mehr liegt: Vivaldi oder Bach? Fehlanzeige. Rachmaninoff, Schostakowitsch, Britten? „Ham wa nich.“ Das Leben: Es ist nun mal kein Wunschkonzert. Am Mittwoch und Donnerstag: Pianoklasse. Freitag: Sopranausbildung. Montag: Der Tenor, naja, der ist wirklich nicht gut. Aber seien wir nachsichtig mit ihm. Und haben wir einfach noch etwas Geduld.

Menschen am Meer: Pat.
Oder: Vom Segeln mit Katze.

Pat stammt aus England und ist mit seinem Katamaran SKIPJACK auf dem Weg durch die ionischen Inseln in die Ägäis. Pat ist 68. Er lebt, seit ich ihn kenne, ein ungewöhnliches Leben. Die Sommer verbringt er auf seinem Wharram-Katamaran irgendwo zwischen Korfu und Kos. Die Winter in England. Und ab Weihnachten in Wien, weil er die Oper liebt. Oft segeln Freunde mit und Bekannte. Aber seit wir ihn 2006 auf Ithaki kennenlernten, wo wir neben ihm ankerten: Immer ist er mit Katze unterwegs. Damals war es Busco. Busco und Pat waren sich in Spanien über den Weg gelaufen. Busco war Spanier. Und Streuner. Und etwas eigenwillig. Seine Leidenschaft war es, jeden Besucher auf SKIPJACK mit einem herzhaften Biss in den großen Zeh zu begrüßen. Worauf Pat aufsprang und mit einem väterlichstrengen „Don‘t do that! I will give you the waterpistol!“ nach seiner großen Wassersprühflasche griff. Allein das Wort

„Waterpistol“ machte aus Busco im Nu einen anschmiegsamen Kater. Und wenn nicht: Dann jagten sich die beiden auf dem Wharram-Katamaran im Kreis herum. Sie hatten ihren Spaß. So ging das lange Jahre, bis Busco eines Tages auf der Fähre nach Venedig beschloss, dass es Zeit für eine Veränderung sei. Sich in einen offen stehenden LKW setzte und auf Nimmerwiedersehen verschwand. Pat suchte zwei Tage auf dem Schiff und am Anleger in Venedig. Aber Busco, der Streuner, war zum Anhalter geworden.

Jetzt segelt Pat mit einem neuen Partner: mit Weatherby. Weatherby ist eine griechische Katze, aber ebenso wie Busco eine Persönlichkeit. Jeden Abend, wenn Pat in irgendeiner Bucht ankert, bringt er Weatherby an Land. Und dann geht Weatherby nachts alleine an Land spazieren. Weatherby liebt das. Und gleich, was passiert: Am Morgen sitzt er wieder auf der Pier, dort wo Pat ihn abgesetzt hat, und wartet, dass Pat ihn abholt. Pat sagt: Weatherby würde den Motor des Dingis kennen. Neulich sei, kurz nachdem er Weatherby an Land abgesetzt hatte, ein Gewitter aufgezogen. Die ganze Nacht Gewitter und Regen. Pat hatte sich schon richtig Sorgen gemacht. Dachte, der arme Weatherby sei ertrunken. Als Pat es nicht mehr aushielt, fuhr er um 5 Uhr morgens mit dem Dingi zur Pier. Da saß Weatherby ganz gemütlich – und war im Übrigen strohtrocken. Wie Weatherby es angestellt hatte, trocken zu bleiben, wusste der regennasse Pat in seinem Dingi nicht.

Am besten finde ich, wenn Pat Geschichten über das Segeln als Jugendlicher in Irland erzählt. Es sind Geschichten, die nach Atlantik schmecken. Und Whisky und Kälte und langen Wellen. Wie er mit einer kleinen Jolle hinausfuhr in die Bucht von Cork, in Südirland, bis zum ersten Leuchtturm, und der Nebel kam. Natürlich hatte er keinen Kompass dabei. Aber irgendwie schaffte er es trotz Nebel zurück zur irischen Küste. Und in irgendeinen Hafen. Zuerst musste er die Einheimischen nach dem Namen des Hafens fragen, in dem er angekommen war. Und dann eine Telefonzelle suchen. Um seinen Onkel anzurufen. Denn dem gehörte die Jolle. Als wir bei uns in Mandraki auf dem Boot sitzen, sehen wir einem steinalten Segler zu, der sein kleines, abgewettertes Boot aus dem Hafen steuert. „An Old Salt“, sagt Pat anerkennend über den alten Segler. Und das ist es, was Pat für mich ist, auch in der Kunst, wie man mit 68 und überhaupt lebt: „An Old Salt.“

Der Mensch und seine Sachen: Mitten drin. In Korfu-Stadt.

Wir verlassen jetzt für einen Augenblick die Ruhe des kleinen Hafens unterhalb der Festung, balancieren hinüber auf der Steinmole, die nicht mehr als ein Mäuerchen ist, durch den Kasemattengang hinauf, vorbei an der Musikschule, dem Museum, über den Festungsgraben. Wir überqueren das große Kricketfeld, das die Engländer hier angelegt haben. Vorbei an den immer voll besetzten Cafes. Und schon sind wir mitten drin in Korfu-Stadt und seinem lustigen Treiben.

Es ist ein sehr hübsches Städtchen, in dem man viele Dinge machen kann, die man noch nie vorher im Leben gemacht hat: Man kann den Nixen in Flipflops, die am Straßenrand vor einem der vielen „Fisch-Spa's" stehen und einen ansprechen, folgen. Und dort seine Zehen kleinen Fischlein zum Dran-Knabbern anbieten. Es kitzelt sicher. Man kann knallorangefarbenen Kumquatlikör kaufen in Läden, die voller knallorangefarbener Kumquatflaschen stehen, so dass man denkt, man wäre selber in so einer Kumquatflasche drin, wenn man im Laden steht. Man kann einen Salatlöffel aus Olivenholz kaufen, der ist hübsch anzuschauen. Oder griechische Ledersandalen. Oder einen dieser strohfarbenen Hütchen mit kleiner

Krempe, Siebzigerjahre-Stil. Den kann man sich aufsetzen und damit seiner Umwelt signalisieren, dass man Tourist ist. Wem das alles immer noch zu langweilig ist, der kann etwas außerhalb in der Julihitze einen schönen Pelz kaufen gehen. Weil über diesen Läden Firmenschilder in russischer Sprache prangen, gehe ich vorbei, denn ich bin ja nicht gemeint. Na ja. Von irgendetwas muss auch der Korfiot sich ernähren.

Wie so oft in der Stadt bin ich auch in Korfu-Stadt so gar nicht aufgelegt, Dinge zu tun, die ich noch nie vorher im Leben gemacht habe. Und eile zum Leidwesen von Katrin an all den verlockenden Freundschaftsarmbändern, farbenfrohen Tüchern indischer Produktion und griechischen Sandalen aus China schnellen Schrittes vorbei. Denn am Ende der langen Hauptstraße, wenn man irgendwo rechts abbiegt, da kommt der Fisch- und Gemüsemarkt von Korfu. Und hier endlich ist der Ort, an dem nun mir der Konsumgaul so richtig durchgeht.

Am Olivenstand von Fotis 15 verschiedene Olivensorten nacheinander probieren. Und hinterher doch nicht wissen, wo denn jetzt der Unterschied ist. Macht nix. Ich nehm' zehn kleine Tütchen mit. Beim einäugigen Spiros Zwiebeln und Knoblauchknollen kaufen, so scharf, dass mir davon das selbst gemachte Tzatziki später im Hals kratzen wird. Eigentlich wollte ich ja nur eine Zitrone für meinen Gin Tonic, aber als Spiros mir die schenken will, lege ich los. Bei Eleni die Gurken. Fünf Große für 1 Euro. Wie machen die das? Ein Kilo Tomaten hier aus Korfu: auch 1 Euro. Irgendwie finde ich es ungerecht, dass der einäugige Spiros und Eleni nur einen Euro für ihre harte Arbeit kriegen. Am Fischstand das Gleiche: ein Kilo Sardinen: 3 Euro. Her damit. Und noch ein bisschen Thunfisch und Schwertfisch dazu. Als ich den kleinen Markt verlasse, ist mein Rucksack proppenvoll. Und die drei Tüten links und rechts auch. Das alles schleppe ich den langen Weg zurück, vorbei an Bergen strohfarbener Hütchen, Freundschaftsarmbändern, Fish-Spas. Die hab ich vorher ignoriert. Aber jetzt tue ich nicht mal mehr das. Mein Rucksack ist einfach viel zu schwer.

Der Mensch und seine Sachen: Auf dem griechischen Finanzamt.

Früher, als es sie noch gab, waren Grenzen einfach ein Kreuz. Von Bayern nach Österreich. Lange Schlangen in Scharnitz, wenn das noch jemand kennt. Übellaunige Grenzer auf beiden Seiten, denen man die Pässe zeigen musste. Wir Kinder waren ganz still. Und dann erst die innerdeutsche Grenze, Heimstatt ausgefuchster Schikanen. Als Studenten in der knallgelben Ente Richtung Berlin, misstrauisch beäugt von gaaaaanz locker den Schlüsselbund um den Finger wirbelnden Grenzern, die fahrbare Spiegel heranrollten, ob wir nicht unterm Auto irgendetwas versteckt hätten. Die neueste Ausgabe des SPIEGEL. Oder den falschen Weltatlas, der die Welt mit ihren richtigen Namen und Grenzen zeigte. Oder sonstiges unziemliches Gedankengut.

Heute, in Schengenland, ist das zumindest einfacher. Nur nicht, wenn man vom EU-Land Italien mit dem eigenen Boot ins EU-Land Griechenland reist. Denn: Keiner weiß so richtig, was man an Bootspapieren eigentlich benötigt. Selbst GOOGLE weiß es nicht.

Als ich mich bei der Port Authority in Korfu-Stadt anmelden und nachfragen will, was ich denn eigentlich in Griechenland für Bootspapiere brauche, notiert der uniformierte

Beamte alles fein säuberlich in sein großes, großes Buch, die große schwarze Kladde des großen Vergessens. Und erklärt mir: Ich bräuchte eigentlich nichts. Nur ein „Pleasure Craft Document“. Er habe es aber nicht da. Und könne es auch nicht ausstellen. Ich solle es im nächsten Hafen kaufen. Tschüss.

Mein Freund Pat, der seit fast 15 Jahren jeden Sommer hier segelnd verbringt, sagt: „All greek paperwork is bullshit. You don‘t need anything.“ Fromm übersetzt: Ich könne auf griechische Papiere getrost verzichten. Und von den zwei, drei Seglern, die ich unterwegs frage, höre ich fünf, sechs verschiedene Antworten. Weil ich aber schon weiß, dass der Hafenkapitän, der mich wegen meiner fehlenden Bootspapiere in irgendeinem fernen Hafen in die Pfanne hauen wird, bereits heute auf der Pier steht und schon händereibend auf mich wartet, gebe ich keine Ruhe. Und falle der freundlichen Maria bei der Port Authority in Preveza in die Hände. Und Maria weiß es ganz genau:

1. Mein aktueller Versicherungsschein stimmt nicht. Die Deckungssumme reicht nicht. Die stimmt zwar weltweit. Aber nicht in Griechenland. Neue Vorschrift.
2. Ich muss also in Hamburg einen neuen Versicherungsschein beantragen. Neue Vorschrift.
3. Wenn der in Marias E-Mail bei der Port Authority in Preveza eintrudelt: dann muss ich in Preveza aufs Tax Office, das ich jetzt einfach mal Finanzamt nenne. Und 29,95 Euro bezahlen. Neue Vorschrift.
4. Habe ich dann Quittung und Versicherungsschein, gehe ich wieder zu Maria in der Port Authority. Und die stellt mir dann ein „DECPA“ aus. Ein Permit für mein Boot für griechische Gewässer. Alte Vorschrift.

Weil es 15 Uhr ist, hat das Finanzamt zu. Und der Tag ist – einklarierungstechnisch – gelaufen. Bis auf Punkt 1: Der Bootsversicherer PANTAENIUS kennt den Kummer. Frau Hofmann in Hamburg hat das Dokument flugs geändert und drei Minuten später hab ich's auf dem Rechner. Chic.

Am nächsten Morgen stehe ich früh auf und gehe das Finanzamt suchen. Ich weiß erstens nicht, wie Finanzämter auf griechisch heißen. Zweitens weiß ich nicht, wie griechische Finanzämter aussehen. Drittens ist es auch nicht da, wo Maria mir in die Karte ein Kreuz eingezeichnet hat. Zuerst jedenfalls nicht. Ich renne dreimal dran vorbei. Es hat sich einfach hinter Platanen versteckt. Aber dann bin ich drin. Und drinnen sieht's aus wie „Nach dem Umzug ist vor dem Umzug". Alles irgendwie provisorisch. Ein bisschen leer. Mit nur viermal fragen stehe ich vor dem richtigen Schalter. Als ich dem Beamten das „ä" in meinem Nachnamen auf Englisch erkläre, sagt der einfach auf Deutsch: „Das ist ein Umlaut. Ich kenne das." Giorgos (seinen Namen habe ich geändert) hat Deutsch gelernt. Und beschenkt mich als Gegengabe mit der Erkenntnis, dass es im Griechischen insgesamt sieben verschiedene „i" gibt. Es sei zwar überflüssig, aber die Reformen, um das zu vereinfachen, wären ins Stocken geraten.

Und dann lässt Giorgos einfach einen der fünf im Raum stehenden großkalibrigen Endlos-Drucker mit perforiertem Endlos-Papier rattern. „Der hier läuft wenigstens", sagt Giorgos. Und schon habe ich das mir zugedachte hellblaue Formular. Die Quittung, die ich dann wie eine Tröphäe zu Maria bringen muss, um mein „DECPA" für LEVJE zu bekommen. Ab zum Zahlen. Nachdenklich verlasse ich das griechische Finanzamt. Sieben „i"... Aber: Wenn die Griechen sieben „i" für ihre Sprache brauchen: Wie viele „i" haben wir im Deutschen eigentlich? Und: Brauchen wir vielleicht auch so eine Rechtschreibreform? Wie sieht's denn mit unserem Reformstau aus? Wegen des „i"?

Der Mensch und seine Sachen: Aufstieg und Fall der Stadt des Augustus.

Nachdenkend über die Frage, welche Persönlichkeiten der alten Geschichte die effizientesten Propagandisten in eigener Sache waren, fallen mir drei, vier Namen ein: Ramses II., der auch noch die Vernichtung seiner halben Armee bei Kadesh 1274 als großartigen Sieg in Stein meißeln ließ. Alexander, na klar. Welch ein Mythos, der doch auch nur aus Fleisch und Blut bestand. Julius Caesar, man denke nur an sein Buch *De Bello Gallico*. Und dann vor allem sein Neffe mit Namen Octavian, der später den Namen Augustus annehmen sollte. Aber während Caesar mit seinem Über-sich-in-der-dritten-Person-Schreiben einfach arrogant rüberkommt, liegen die Dinge bei Augustus subtiler.

Er hatte sehr früh begriffen, dass das römische Reich, das zu seinen Zeiten fast seine größte Ausdehnung erreicht hatte, weit mehr bedurfte als nur gemeinsamer Gesetze, Münzen, einheitlicher Amtssprache. Eine Klammer für dieses Riesenreich von Gibraltar bis Jerusalem in Gestalt EINER Person, EINES Kultes, um diesem riesigen Konglomerat inneren Halt zu geben. Es ist die Größe des Augustus, dass er als Propagandist in eigener Sache diese Aufgabe erfolgreich erfüllte.

Und seine Tragik, dass diese Aufgabe, einem ganzen Kulturkreis Jahrtausende Halt zu geben, einem anderen, zu seinen Lebzeiten Geborenen, zufallen sollte: „Denn es begab sich zu jener Zeit, da der Kaiser Augustus befahl, dass alles Volk geschätzet werde ..." Doch das ist eine ganz andere Geschichte.

Kaum einen Kilometer entfernt vom Finanzamt in Preveza fand eine der großen militärischen Auseinandersetzungen der Antike statt. Angeblich. Am 2. September des Jahres 31 vor Christus trafen dort die Schiffe des Octavian auf die vereinigte Flotte Marc Antons und Kleopatras. Glaubt man zeitgenössischen Historikern, war es ein grandioser Sieg des Augustus, der damit den langjährigen Bürgerkrieg beendete. Aber Zweifel sind angebracht. Nein, nicht an der Tatsache, dass es ein Sieg des Augustus war. Sondern daran, ob es überhaupt ein größeres Gefecht im Golf von Actium gegeben hat. Denn offensichtlich hatte Marc Anton mal wieder und nicht zum letzten Mal Probleme mit Verbündeten. Als ganz zu Beginn der Schlacht Teile seiner Flotte zu Augustus überliefen, gab die anwesende Kleopatra die Sache verloren und befahl ihren Ruderern, sofort Richtung Ägypten aufzubrechen. Marc Anton sah es und folgte der Geliebten auf dem Fuß –, seine Sache und seine Männer augenblicklich im Stich lassend. Oder war all dies ein wohlüberlegter Fluchtplan aus der Belagerung im Golf von Actium?

An dem Ort, von dem aus Augustus, damals noch Octavian, siegreich die Schlacht gelenkt hatte – oder vielmehr vom Zelt aus der Ferne zusah, wie sein Freund, der fähige Admiral Agrippa, die Sache mit Marc Anton regelte –, dort also ließ er ein großes Denkmal errichten: Und die gewaltigen bronzenen Rammsporne von 36 besiegten Galeeren zur Zier an dieses Gebäude heften. Und wenige Kilometer entfernt die „Stadt des Sieges" gründen: Nicopolis.

Die Stadt wurde gleichsam auf seinem Befehl aus dem Boden gestampft. Einwohner in kilometerweitem Umkreis zwangsumgesiedelt und zur Aufgabe ihrer bisherigen Städte gezwungen. Weitere Leute angesiedelt. Als Anreiz weitreichende Steuervorteile den Bewohner gewährt. Zwei große Häfen im Nichts angelegt, Aquädukte aus den 43 Kilometer entfernten Bergen gebaut. Es wurde geklotzt vor Ort – Wirtschaftsförderung im großen Stil.

Der Fischer mit dem Dreizack: Eines der schönsten Motive der Mosaiken aus dem 4./5. Jahrhundert nach Christus. Dass dieses Mosaik aus dieser Epoche stammt, kann man im Freigelände sehr schnell erkennen, weil dieses Bodenmosaik eineinhalb Meter über dem Mosaikfund aus dem 1./2. Jahrhundert liegt, das Archäologen immer noch in Kleinarbeit freilegen.

Binnen Kurzem blühte und florierte die Stadt. Nicht zuletzt dank der garantierten Vorteile. Man kam nicht umhin, zu sagen: „Was der anpackt, das wird was.“ Das noch heute zu besichtigende Areal beeindruckt durch schiere Größe. Und Nicopolis wurde zu einem wichtigen Bindeglied im Handel zwischen Ost und West. Den Winter des Jahres 62 verbrachte der Apostel Paulus hier und schrieb seine Briefe an Titus. Ein paar Jahre später kam Nero vorbei, auf dem Weg zu seinem großen Auftritt als Teilnehmer an den Spielen in Olympia.

Um 268 überrennen Goten und Heruler Nicopolis, 474 erobern die Vandalen die Stadt. Und davon erholt die Stadt sich kaum mehr. Der Ort schrumpft und dämmert vor sich hin, bis er im Mittelalter ganz aufgegeben wird. Und sich die Menschen im neu gegründeten Preveza niederlassen. Sie kehren nur noch nach Nicopolis zurück, um Baumaterial, Steine, Säulen für ihre neuen Gebäude abzutransportieren. Oder um in den Ruinen nach Eisen, Blei, Goldschmuck zu scharren, die man heute immer noch dort findet. Die Mosaiken in den römischen Villen sind noch heute dort in der verlassenen Stadt, wo Archäologen dabei sind, immer wieder neue Entdeckungen und Funde zu machen. Nicopolis aber ist für immer Geschichte.

Die vergessenen Orte: Santa Maura.
Oder: Der Ort, der neben der Zeit liegt.

Dort, wo der Kanal von Lefkas durch die Salzmarschen beginnt und Lefkas zur Insel macht, liegt die Festung Agia Mavra, Italienisch: Santa Maura. Fast alle Segler benutzen den Kanal nach Lefkas, er ist ein Erlebnis mit seiner Drehbrücke an der nördlichen Einfahrt. Aber meistens ist man genau hier ziemlich gestresst. Der Wind weht böig herein von Norden. Das Warten, bis die Drehbrücke einmal stündlich öffnet, ist nur bedingt gemütlich. Die Augen sind auf die Drehbrücke gerichtet. Genau wie die der vorbeifahrenden Autofahrer.

Der Kanal durch die Salzsümpfe ist alt, älter als wir denken. Vermutlich haben ihn korinthische Händler um 800 vor Christus graben lassen. Korinthische Händler: Sie transportierten vor allem ihre begehrte Keramik nach Norden – bis hinauf zu den griechischen Niederlassungen wie Ancona, aber auch darüber hinaus bis ins Po-Delta. Nach den Griechen fanden die Römer es klasse, statt mit ihren dickbauchigen Amphoren-Transportern das stürmische Meer zu befahren, einfach den sicheren Kanal entlangzutreideln. Die Festung Santa Maura bewacht den Kanal. Und den Zugang zum Hauptort der Insel Lefkas. Sie tut das seit etwa 1300, als fränkische und angevinische Ritter die erste Burg erbauten.

Dann kamen die Venezianer. Dann die Türken, fast 200 Jahre. Sie eroberten Lefkas als einzige der westgriechischen Inseln. Bauten die Festung aus, legten Wasserleitungen, errichteten im weitläufigen Gelände der Festung drei Moscheen. Bis die Venezianer Santa Maura 1684 zurückeroberten und den Ort gegen die Türken mit Wehrgängen, Bastionen, Rundtürmen uneinnehmbar zu machen trachteten. Die Kanonen der Venezianer aus diesen Jahren um 1700 liegen überall in und um die Festungsmauern herum verstreut.

Nach dem Ende der Serenissima Republicca 1797 durch Napoleon: nichts mehr. Ein lautloses Vergehen und Verwehen, nur unterbrochen durch ein paar italienische Fliegerbomben während des Angriffs Mussolini-Italiens auf Griechenland 1942. Ein Ort für sich. Hätten nicht, ja: Hätten nicht die Venezianer eine der drei türkischen Moscheen, die als christliche Kirche vorher bereits Santa Maura geweiht war, erhalten. Und sie wieder Santa Maura zurückgegeben.

Die kleine Kirche liegt ganz versteckt in einem entlegenen Winkel der Festung. Der Ort ist so voller Zauber, dass ich ihn am folgenden Tag ein zweites Mal aufsuchen muss. Man betritt die Kirche durch den Zugang zwischen den Festungswällen und muss aufpassen, dass man mit dem Kopf nicht eine der Glühbirnen streift, die niedrig hängen. Im Inneren dies:

Die im Wind wehenden roten Vorhänge des Hochaltars mit seinen Geheimnissen dahinter. Die knarrenden Angeln der schief hängenden Holztüren. Die dünnen Bienenwachskerzen, die noch kein Beter entzündet hat. Ein Holztisch mit Wachstuchdecke in einem Winkel. Ein paar Plastikflaschen mit Weihwasser. Die leise im Wind schwingenden Leuchter.

Und das eine Auge, das alt, weise und wissend um die Dinge der Welt von der Mitte des Altars auf alles blickt, alles sieht: Hat hier alles schon stattgefunden? Oder wird es erst sein? War es? Oder kommt es erst? Wir wissen es nicht. Nur dies, Zeit ist unbedeutend hier in Santa Maura.

Auf Rädern: Bei den Quellgeistern von Nidri.

Wenn ich gelegentlich über meine Zeit unter Segeln schreibe: „Nichts fehlt hier", dann ist das natürlich fast die Wahrheit. Was nach langen Tagen auf dem Salzwasser fehlt, ist das Plantschen im Süßwasser. Die Freude an einem eiskalten Gebirgsbach, einem eiskalten Guss aus dem Saunaschlauch. Auf meinen Segelreisen in Kroatien habe ich deshalb wieder und wieder die Wasserfälle an der Krka bei Skradin besucht, ein einzigartiger Ort, den man nach mehrstündiger Fahrt mit der Yacht durch den Krka-Fjord erreicht und der mit seinen Hunderten perlenden Wasserkaskaden für den, der von See kommt, ein Ort unglaublichen Reichtums ist.

Weil mich die Lust nach Süßwasser also im schönen Lefkas überkommt, leihe ich mir bei Spiros im „Bikeland" ein Mountainbike mit gefühlten 72 Gängen für 10 Euro und radle damit die 23 Kilometer nach Nidri, einen Teil direkt am Meer nach Süden über die Nationalstraße, einen Teil durch die Hügel. Der Nationalstraße verdanke ich die intimere Kenntnis griechischen Fahrstils, die ich summieren würde: „I trust everybody in Greece. Except Greek car drivers." – „Ich traue jedem in Griechenland. Nur nicht den griechischen Autofahrern."

Man muss aufpassen.Vor allem das letzte Stück, wenn man die Nationalstraße verlässt und sein Bike abstellt, ist faszinierend: Wie in einer Klamm geht's am Bach zwischen Felsblöcken hindurch, der Weg ist kühl und schattig, manchmal rutschig, doch an schwierigen Stellen mit Seilen gut gesichert.

Es macht Spaß, in frevelhafter Weise wie mein Freund David hier in Flipflops herumzulaufen, aber auch in denen kann man gut auf Steinen gehen. Und dann liegen sie vor mir, die Wasserfälle:

Nichts hält mich mehr: Badehose an, reinspringen, unter Wasser lange Züge durchtauchen. Von einem Ende zum anderen in dem grünlichen, von Steinsedimenten grüngrau gefärbten Kaltwasser. Das Wasser kommt tatsächlich kalt wie im Saunabecken von 10, 20 Metern herunter, es ist ein herrliches Schwimmen mit wochenlang sonnenerhitzter Haut in dem kleinen, kalten Becken. Und da bleibe ich dann für ein paar Stunden, immer wieder ins Wasser hüpfend, was ein paar ganz Mutige dann auch aus drei, vier Metern Höhe machen.

Während ich in der Sonne liege und mich wie ein Käfer auf den warmen Steinen trocknen lasse, fallen mir wieder die Bruchstücke eines Gedichts ein, das ich seit etwa 30 Jahren, seit ich Tankred Dorsts „Merlin“ auf der Bühne sah, mit mir herumtrage. Und wer weiß, welche Geister der Quellen sie in mir wachgerufen haben, denn: Jede dieser Zeilen ist nun wirklich die Wahrheit:

Wie der Zauberer Merlin
möchte ich durch die Wälder ziehn.
Will hören, was die Winde schrein
will wie die Vögel am Himmel sein
will wie der Wolf auf Beute lauern
will nachts unter grauen Felsen kauern
will mit den Geistern der Quellen
sprechen
will hören, wie uralte Bäume brechen
Jung will ich sein, Jahrtausende alt
und König im dunklen Zauberwald. *

---

*Danke an Micky aus Bern. Er hatte mir eine halbe Stunde nach Veröffentlichung des Artikels den Originaltext aus Tankred Dorsts „Merlin" geschickt. Es lebe das Internet.

Der Mensch und seine Sachen: Sonntags mitten in Ithaki. Oder: Wie es euch gefällt

Als ich am frühen Morgen, neben zwei, drei anderen Segelyachten in der einsamen Bucht im Osten der Insel Ithaki ankernd, aufwache, schleicht sich eine dieser großen Megayachten mit brummenden Motoren leise herein, lässt klirrend beide Anker fallen und macht nach einer gekonnten Drehung mit dem Heck per Landleine an den Felsen 50 Meter von mir entfernt fest.

Früher war mir die unmittelbare Nähe solcher Motoryachten ein Gräuel: Die Klimaanlage ratterte und blubberte die Nacht über, Scheinwerfer unter und über Wasser erhellten das Dunkel rundum. Aber mittlerweile bin ich froh, wenn sich so eine Yacht neben mich legt, oft suche ich sogar die Nähe der Motoryachten. Es hat handfeste Vorteile: Sie werden meistens von Berufsseeleuten gesteuert, die wissen, was sie tun. Und man weiß wiederum von ihnen, WAS und WIE sie's tun. Die Eigner sind meist angenehme Leute, die oft genauso wie ich nichts anderes als die Stille suchen. Von gelegentlichem Wasserskifahren abgesehen, aber da das anstrengend ist, ist nach zehn Minuten der Schabernack meist vorbei. Und noch ein Vorteil: Andere Motorbootfahrer, die Leute, die sich für einen Nachmittag ein Motorboot leihen, und Chaos-Segler, die beim Einlaufen in die Bucht schon sämtliche Fender raushängen, wo sie in dieser Situation so nützlich sind wie von der Bordwand hängende Knoblauchknollen, meiden die Nähe dieser großen Schiffe. Sie haben irgendwie Angst vor ihnen. Und legen sich lieber ganz woanders hin. Denn meistens halten sie es ansonsten für angebracht, in der weiten, weiten Bucht, in der 900 Meter Platz ist, ihren Anker zwei Meter vor LEVJEs Bug fallen zu lassen.

Also bin ich erfreut über JOVY, so heißt die Yacht unter englischer Flagge rechts neben mir. Und schwimme rüber zum einsamen Strand, um den Morgen auf den warmen Steinen zu begrüßen. Tatsächlich sind die sechs bis acht Leute von der JOVY ein ausgesprochen angenehmes Völkchen. Ein Herr und eine Dame schwimmen leise sprechend an mir vorbei, angenehme Stimmen, sehr kultivierte Griechen, im Auge nicht Gier, sondern Geist. Eine Stimme wie eine Opernsängerin. Als dann noch ein korpulenter Herr ins Wasser steigt und mit wiegenden Bewegungen dümpelnd wie ein Kürbis langsam Richtung Strand rudert, beschließe ich, dass er unbedingt Operndirektor sein müsse. Und er und der Rest Kulturschaffende beim Rundfunk in Athen sind, die eine Woche zusammen verbringen, um das Räderwerk nützlicher Verbindungen aufs Angenehmste zu ölen. Bühne frei, Vorhang auf!

Im nächsten Akt sind zwei Besatzungsmitglieder mit Boot unterwegs, um die erforderlichen Gizmos für den Strandaufenthalt von Madame an den Strand zu schaffen. Wie auf dem obersten Foto erkennbar, sind dies: ein Sonnenschirm, fachkundig in den Boden gerammt. Ein Liegestuhl, aufgebaut. Ein roter Bademantel darübergebreitet. Weitere Gizmos in einer Strandtasche, griffbereit danebengestellt. Als die Bühne bereitet ist, fehlt nur noch eins: Madame. Die lässt sich aber Zeit.

Derweil ist‘s Mittag. Auf JOVY werden Vorbereitungen fürs Mittagsmenü getroffen. Und während ein Kellner in weißem Hemd und schwarzer Fliege dem Operndirektor die

Menüvorschläge nebst Weinkarte erläutert, läuft zu meiner Linken ein Boot mit der großen Aufschrift GLAS BOTTOM ein. Voll mit Studenten, Pärchen, Familien mit Kindern. Ein buntes Völkchen betritt die Bühne von links, das wie auf Kommando von allen Seiten ins Wasser hüpft. Ein Heidenspaß, und ein bisschen Discomusik ist auch dabei. In die leere Bucht ist das Leben zurückgekehrt.

Zu meiner Rechten werden die Drinks gereicht und „Stuzzicherie", kleine Häppchen. Ich nehme die Herausforderung auf LEVJE an, gehe unter Deck, mixe mir im GRÖSSTEN Glas den GRÖSSTEN Gin Tonic und pappe, damit man das auch auf 50 Meter Distanz gut erkennen kann, eine halbe Zitrone ans eiskalte Glas. Dann nehme ich locker in LEVJEs Plicht Platz und lese demonstrativ Zeitung. Weil ich keine andere an Bord habe, die vom letzten Oktober. Und weil mich der Übermut zwickt, proste ich über meinen Brillenrand hinweg nach rechts dem Operndirektor zu.

Zu meiner Linken eine Mordsgaudi. Einige Verwegene schwimmen zum Strand, andere schnorcheln, aber das Gros des Völkchens entfernt sich nicht weiter als 2,50 Meter von der Leiter vom Boot mit der Aufschrift GLAS BOTTOM. Die Leute haben ihren Spaß. Zu meiner Rechten rückt der Moment des Aufbruchs heran. Noch während der Kellner die Spaghetti mit Hummer auftischt, gehen auf einen Wink des Tischherrn zwei Mann Besatzung ins Beiboot, lösen die Landleine und JOVY beginnt, klirrend ihre Anker zu holen. Und entfernt sich langsam gleitend. Aber auch zu meiner Linken sind die Badefreuden beendet: Eine Hupe ertönt drei Mal röhrend, eilends machen sich die Schwimmer auf den Weg zur Leiter, auch die 2,50 Meter entfernten. Denn von Robinson Crusoe hat jeder schon mal gehört und Tom Hanks in seiner Paraderolle als Schiffbrüchiger in „Cast Away" will auch keiner sein. Es ist nicht schön, auf einer einsamen Insel vergessen zu werden. Und so bin ich denn nach einer Weile wieder allein mit LEVJE und mir und dem leeren Glas in der weiten Bucht von Ithaki.

Der Mensch und seine Sachen: Olympia. Oder: Als Sport noch Kult war.

Zwei große Rätsel in der Frühgeschichte des Mittelmeeres gibt es, bei denen Historiker und Archäologen immer noch im Dunkeln tappen.

Das eine: Welches waren Gründe dafür, dass griechischsprachige Stämme sich in frühester Zeit wandernd, das Meer befahrend in Form von Siedlungs- und Stadtgründungen über fast das gesamte Mittelmeer verbreiteten? Von Athen bis Izmir, von der Südtürkei bis Sizilien, ja sogar bis Südfrankreich? Von Sparta über Syrakus bis Marseille?

Das andere Rätsel: Ab etwa 1800 vor Christus hatte sich zum ersten Mal in der Geschichte, getrieben durch die kretischen Minoer, ein blühendes Händlernetz entwickelt, das sich über das gesamte östliche Mittelmeer erstreckte und später von den Mykeniern übernommen wurde. Um 1200 vor Christus bricht alles zusammen: Die Vernichtung Trojas, oder Troias, wie die Altertumswissenschaftler sie schreiben, in diesen Jahren ist nur die sichtbare Spitze eines Eisberges von Vorgängen, die einen Wirtschaftsraum und dessen Wirtschaftsform vernichteten. Naturkatastrophen wie Erdbeben, vor allem aber die Zerstörung der alten Reiche von Minoern und Mykeniern, die – man kann nicht anders sagen – abrupte

Auslöschung von Jahrhunderte funktionierenden Handelszentren wie Ugarit von einem Moment auf den anderen: Im Wesentlichen macht die Forschung für den Zusammenbruch der Kulturen ein Phänomen mit dem ominösen Begriff „die Seevölker“ verantwortlich: Völkerwanderungsvorgänge großen Ausmaßes, Großgruppen von Plünderern, die Griechenland, die Küsten von der Türkei über Libanon bis nach Ägypten in den Jahren zwischen 1200 und 1000 vor Christus verheerten. Vorgänge, die sogar bis in den Westen über Sizilien hinaus zu reichen scheinen. Die mediterrane Welt versank für zwei Jahrhunderte im Dunkel. Auch dies ist die Geschichte, die Homer erzählt: Die Geschichte von der Eroberung einer Stadt. Und dem Untergang der Eroberer nach ihrer Rückkehr.

Athen kam ungeschoren davon. Und manche Siedlungen auf dem flachen Land wohl auch. Es scheint in diesen Jahren gewesen zu sein, dass einige Siedler auf dem nordwestlichen Peloponnes, auf einer schmalen Ebene Schwemmlandes zwischen zwei kleinen Flüssen, Kladeios und Alpheios, eine Brandopferstätte errichteten, um ihre Götter zu besänftigen. Stiere wurden geschlachtet. Das beste Stück des Stieres, der Schenkel, zu Ehren des Zeus verbrannt. Ein Stierkult entwickelte sich. So lange, bis der Ascheberg ungefähr sieben Meter hoch war.

Aber nicht jeder, der zu den Göttern betete, besaß auch einen Stier. Was hier so aussieht wie eine Sammlung von „Schleich“-Figuren ist nichts anderes als die Entdeckung kleiner Stierfiguren in Bronze und Eisen: Weihegaben der einfachen Pilger aus dem 8. bis 6. Jahrhundert vor Christus, jede einzelne davon mit einem Gebet, einem tiefen Wunsch, einem Flehen, einem Dank an die Götter verbunden. Wie man sieht, scheint es eine regelrechte Produktion solcher Weihegaben gegeben zu haben.

Aber nicht nur die Erzgießer profitierten: Auch die Töpfer mischten mit und produzierten Weihegaben aus Ton:

Die Spiele selbst entwickelten sich um 700 herum am Kultort. Glauben wir den Mythen, die uns die Trümmer des Tempelfrieses erzählen, ging es, wie so oft, um Blutschuld: König Oinomaos hatte das Orakel geweissagt, dass sein Schwiegersohn ihn töten würde. Also forderte er jeden Freier seiner Tochter erst mal zum „Autorennen" heraus, auf Leben und Tod. Es war natürlich ein Wagenrennen, aber Oinomaos spielte mit gezinkten Karten, in diesem Fall mit getürkten und von der Rennleitung nicht genehmigten Motoren und Heckspoilern: Seine Pferde stammten von den Göttern und waren unbesiegbar. Bis Pelops aufkreuzte, ebenfalls mit getuntem Antrieb: Seine Rosse waren geflügelt und geliefert hatte sie Poseidon persönlich. Natürlich gewann Pelops Rennen und Tochter und erschlug den alten König. Zur Reinigung von Blutschuld richtete er dann diese Spiele mit einer Waffenruhe ein.

Und so war dieser Ort ein Ort, an dem vieles stattfand, vor allem aber die stets uneins zerstrittenen Griechen einte: Wettkampf und Volksfest, Weihehandlung und Weltwirtschaftsforum, aber immer und vor allem eines: Ort der Zwiesprache mit den Göttern. Und weil der Mensch so beschaffen ist, dass es ohne Raffinement nicht geht, wurden die Opfergaben immer raffinierter: Bronzegießer entwickelten Dreibeine und die Kessel auf drei Beinen wurden immer beliebter. Noch Herodot, mein hochverehrter Geschichtenerzähler aus dem Bodrum des 6. Jahrhunderts vor Christus, schreibt in seinen plapperhaften Geschichten von Wettkampfsiegern, die – schmählicherweise – statt ihre Siegestrophäe, das Dreibein, den Göttern zu opfern, die Trophäe mit nach Hause nahmen, worauf den Champion nur allzubald der Fluch der Götter traf.

Immer weitere Gegenstände zur Ehrung der Götter kamen in Mode: Armgroße bronzene Greifenköpfe waren um 700 für 50 Jahre Dernier Cri – und verschwanden dann wieder.

Masken, Helme, wie der links, wurden von Kriegern geopfert für gewonnene Schlachten – oder um die Götter zu bitten, den Sieg zu schenken. Und nur zu selten wissen wir, ob die Bitte erhört wurde. Gelegentlich wurde, wie im Fall der Insel Zakynth, ein Schild als Opfer nach Olympia gesandt mit der Bitte, im Kampf den Sieg zu schenken. Aber noch bevor der Schild eintraf, war die Stadt Zanthe schon von Feinden erobert. Und die Bevölkerung versklavt oder ermordet.

Olympia als, sagen wir, „Wallfahrtsort" wurde immer bedeutender. Und mit seiner Bedeutung stieg auch der Wunsch der Betenden, mit ihrer Weihegabe herauszuragen aus der Flut der Artefakte. Im 6. Jahrhundert vor Christus wurde der erste Tempel errichtet, der Zeus-Gemahlin Hera geweiht, das Heraion, den deutsche Archäologen in den letzten 150 Jahren Stück für Stück freigelegt haben. Die Bautätigkeit begann. Und wer Rang und Namen hatte, der errichtete dort, genau dort, einen Tempel oder ein Baudenkmal.

Dies ist der Rundtempel, den Philipp von Makedonien zusammen mit seinem Sohn Alexander, den man später „der Große" nennen sollte, zu Ehren ihres Sieges bei Chaironaia 338 vor Christus über die Athener errichten ließ. Spätestens jetzt geht es in Sport und Kult um große Politik: Der Sieg über die Athener Pfeffersäcke durfte in der griechischen Welt natürlich nicht als Akt blanker Aggression (was es war) verstanden werden, sondern als Unternehmen im Interesse aller Griechen (was es natürlich nicht war). Und als Wegweiser, wer denn die kommenden Männer in diesem Griechenland waren: In diesem Tempel wurden die Statuen des später ermordeten Philipp und Alexanders noch zu Lebzeiten ausgestellt.

Die Bautätigkeit auf dem Gelände zwischen den beiden Flüssen währte von 500 vor bis etwa 300 nach Christus. Weitere Tempel kamen hinzu, Unterbringungsmöglichkeiten für Athleten (das „Gymnasion", das als großes Projekt jetzt gerade von deutschen Archäologen freigelegt wird), Unterbringungsmöglichkeiten für prominente Teilnehmer: die Villa von Kaiser Nero, der im Jahr 68 nach Christus eigens nach Olympia reiste, um als Teilnehmer im Stadion aufzutreten. Über sein Abschneiden im Stadion von Olympia auf der marmornen Ziellinie hat die Geschichte gnädig den Schleier des Vergessens gelegt.

In diesen 800 Jahren erlebte Olympia den Höhepunkt seiner Bedeutung. Die Schwierigkeiten begannen – wie so oft im menschlichen Miteinander – auch für Olympia mit dem groß angelegten politischen Versuch, die Dinge des menschlichen Lebens zu standardisieren: mit der offiziellen Einführung des Christentums. Erst war Vielgötterei out, dann verpönt, dann verboten. Kaiser Theodosius untersagte um 380 nach Christus Kult und Spiele, die fanden jetzt heimlich statt. Im kleinen Maßstab. Ein Erdbeben zerstörte um 450 nach Christus die Gebäude, die längst im Verfall begriffen waren. Die Flüsse Kladeios und Alpheios traten vehement über die Ufer und bedeckten die Kultstätte mit einer 8 Meter dicken Schlammschicht. Als erneut dunkle Jahrhunderte nach dem Untergang des römischen Reiches einsetzten und der Mittelmeerhandel komplett zusammenbrach, war Olympia schon fast vergessen. An den Flüssen siedelte noch eine Handvoll frühchristliche Bauern, die in aus dem Schlamm ragenden Ruinen nach Brauchbarem scharrten.

Heute ist Olympia immer noch ein besonderer Ort. Die Ebene, an dem zauberhaften Flüsschen Kladeios gelegen, ist ein Ort mit besonderer Ausstrahlung. Vielleicht war es dieser Zauber, der vor 3000 Jahren Menschen bewog, hier Zwiesprache zu suchen mit den Mächten, die über die Geschicke richten. Und ihnen hier ein Gesicht zu geben.

Unter Segeln:
Unterwegs um den Westpeloponnes.

Glücklich ist, wer den Peloponnes im Gegenuhrzeigersinn umrundet. Denn dann hat man vor allem an der Westküste den dort vorherrschenden Nordwestwind, der auch den Sommer über die Yachten die italienische Adriaküste gemütlich hinunterschiebt, im Rücken.

Und wie Rod Heikell schreibt: Das Fahren mit dem Nordwest, den die Italiener Maestrale, die Griechen aber mittlerweile wie die Türken den Meltemi nennen, ist fast wie eine Kaffeefahrt. Aber wehe, man möchte den Peloponnes ab seiner Südwestspitze, dem kleinen und sehenswerten Ort Methoni, im Gegenuhrzeigersinn umrunden: Dann bleibt einem nur:

1. Früh aufstehen. Und Strecke machen, bevor der Maestrale gegen 14 Uhr richtig wach wird.
2. Oder: ständig „Gegenan-Bolzen“.

Manchmal, da scheint es, als hätte höheres Wissen beschlossen, dass man einen bestimmten Ort aufsuchen muss. Der Wind dreht plötzlich auf besten Halbwind, er gewinnt an Kraft, wird stärker und stärker und treibt Schiff und Besatzung förmlich einem Ort zu.

Der Ort, um den es hier geht, heißt Monemvasia. Er liegt im Südosten des Peloponnes, sich schmiegend in den schroffen Fels der gleichnamigen Insel vor der Küste Lakoniens wie ein schutzloses Wesen in eine hohle Hand. Von Kap Maleas an kam der Wind aus Ost-Südost, vollkommen ungewohnt nach wochenlangem Segeln im Nordwest. Am Horizont ballten sich die Regenwolken, aber der Wind schob LEVJE in die Bucht, genau bis vor die Hafeneinfahrt, und erst dort fielen die Segel.

Ungelogen ist Monemvasia einer der schönsten Orte auf meiner Reise. Und berühmt ist die Stadt auch: Im Mittelalter hieß sie Malvasi, und der viel getrunkene Rotwein trägt seinen Namen nach dieser Stadt, weil dies der Ort war, von dem aus der Wein verschifft wurde.

Die Byzantiner haben den Ort gegründet im Zuge des großen Plans im 6. Jahrhundert, das in den Stürmen der Völkerwanderungszeit verlorene West-Rom wieder zurückzuerobern. Rom, Italien, der Balkan, Griechenland, die Adria, Frankreich, Spanien, Nordafrika: verloren an Vandalen, Alanen, Ostgoten, Slawen, Germanen. Das Byzanz des 6. Jahrhunderts gab seine Ansprüche, Nachfolgerin Roms und rechtmäßige Herrin dieser Gebiete zu sein, nie auf.

Monemvasia war der Dreh- und Angelpunkt des großen Plans. Der Peloponnes konnte zurückerobert werden, Teile Süditaliens auch, das sich auf Sandbänken in den Lagunen gründende Venedig und Ravenna blieben byzantinisches Gebiet. Nominell jedenfalls. Der lange Arm von Byzanz war einfach im 7. Jahrhundert nicht kraftvoll genug. Und er wurde schwächer und schwächer.

Bis Byzanz erst 1204 von Kreuzrittern unter Führung Venedigs, endgültig 1453 von dem Osmanen erobert wurde. Da war Monemvasia immer noch byzantinisch, das letzte Stück Territorium von Byzanz.

Monemvasia wurde eigentlich als zwei Städte gegründet: die untere, die eigentliche Stadt. Und die Zitadelle oben auf dem Felsplateau, bis heute nur durch den steilen Pfad hinter der Kirchenkuppel zu erreichen. Es heißt, die Festung sei uneinnehmbar gewesen, auch deshalb, weil in der Zitadelle auf dem Felsplateau sogar Getreide angebaut wurde.

Trotzdem wechselte die Stadt oftmals den Besitzer und damit auch die Bewohner: Nach den Byzantinern die Venezianer, dann die Türken, dann wieder die Venezianer, dann wieder die Türken. Das Hin und Her endete erst, als die Stadt 1821 griechisch wurde. Und was für Deutschland die Versammlung der Frankfurter Paulskirche ist, das ist für Griechenland Monemvasia: der Ort ihrer ersten Nationalversammlung 1822.

Doch dann versank die Insel in Vergessenheit. 1971 lebten gerade mal 31 Bewohner in Monemvasia und in der Zitadelle lebt seit den Zwanzigerjahren niemand mehr. Verlassen. Für immer?

Heute ist Monemvasia größtenteils renoviert. Es heißt, wohlhabende Athener haben hier ihren Sommerwohnsitz. Kleine Hotels. Aber auch darin erinnert Monemvasia an manchen Ort an der Côte d'Azur oder in der Provence, etwa an Ramatuelle mit seinen weinbewachsenen Cafés, seinen stillen Plätzen über dem Meer und den Touristen, die sich jetzt im Hochsommer dort bewegen.

Nur eines ist anders: Als die Venezianer den Ort zum letzten Mal übernahmen im Zuge ihrer Rückeroberung von Morea – das italienische Wort für den Peloponnes (Herr Tolkien hat sich hier bedient) –, da schufen sie an vielen Orten in Monemvasia Kirchen. So als wollten sie den Geist der überwundenen Osmanen buchstäblich ausräuchern.

Eine der schönsten Kirchen ist natürlich die Hauptkirche, Hagia Sofia, die große Weisheit. Und ich, der ich immer auf der Suche bin nach stillen Räumen, werde hier fündig in besonderer Weise: Denn in dem Kirchenraum summt die alte Küsterin, die zu jeder griechischen Kirche gehört wie das Omega zum Alpha, leise einen gregorianischen Choral.

Menschen am Meer: Giorgos und das einfache Leben. Oder: Im Angelladen von Monemvasia.

Irgendwie geht es seit Italien mit meiner Angelei nicht recht weiter: Die Makrelen von Griechenland haben beschlossen, um mein Köderangebot einen großen Bogen zu machen. Vielleicht deshalb, weil Makrelen auf griechisch „Koliós“ heißen, meine Köder aber italienischer Bauart sind und lautlos „Sgombro“ (das italienische Wort für Makrele) flüstern, sodass sich der „Koliós“ denkt, er sei ja nicht gemeint. Vielleicht sind griechische Makrelen auch stylisher gesinnt als italienische und finden meinen blödes blinkendes italienisches Blechdings – wie alles von ALESSI – einfach nur einen Gähner. Also beschließe ich, mir professionellen Rat bei Experten zu holen, um rauszukriegen, warum in Griechenland nix mehr beißt.

In Monemvasia treffe ich neben Michael, dem Verleiher der etwas angejahrten Roller, im Angelladen auf Giorgos. Er stammt aus Athen, kam vor vielen Jahren hierher nach Monemvasia, um sich eine Existenz aufzubauen. Ein Cousin, offensichtlich Menschenfreund, hatte hier einen Angelladen und als Freundschaftsdienst bot er diesen Giorgos an. Aber, wie Giorgos sagt: „In Griechenland kannst du mit deinem Cousin alles machen: essen, trinken, lachen – bloß keine Geschäfte!“ Und so war Giorgos plötzlich für 80.000 Euro Besitzer eines Angelladens. Der sich so ganz anders entwickelte, wie vom Cousin versprochen: nämlich gar nicht.

Giorgos: „Ich war echt froh. Endlich raus aus Athen.“

Andreas, der diese Woche mitsegelt und sein Geld als Strategieberater für Buchhändler und Verlage verdient, schaut traurig um sich. Der Blick hoffnungsleer gerichtet auf das Warenangebot.

Giorgos (fröhlich und mit seinem Schicksal vollkommen versöhnt): „Den Laden verkaufe ich in den nächsten Monaten! Und dann fange ich etwas Neues an. Ich hab‘ schon einen Plan.“

Andreas schaut noch trauriger. Ich denke an „Alexis Sorbas“ und phänomenal zusammenbrechende Seilbahnen.

Giorgos: „Der Laden wirft ja seit Jahren nichts ab. Aber ich lebe außerhalb der Stadt auf einem Stück Land. Und da bin ich zum Selbstversorger geworden. Tomaten. Gurken. Bohnen. Es wächst alles. Und man kann prima hier leben. Aber jetzt hab ich einen neuen Plan: Ich werde Trüffel anbauen. Das geht. Wachsen würde das. Man müsste nur ein bisschen in das Saatgut investieren.“

Giorgos Augen blitzen zukunftssicher. Andreas‘ Miene ist undurchdringlich.

Aber ich denke mir: Vielleicht geht das ja alles irgendwie leichter in Griechenland. Man kommt mit wenig aus. Und lebt lustvoll sein Leben. Und macht Pläne. Ganz ohne „Big Business“.

Giorgos ist einer von vielen Griechen, die mir auf den Inseln begegnen und die so leben und denken. Und er ist dabei kein Außenseiter oder Hippie. Sondern lebt, so scheint es, die vorrangig hier existente Wirtschaftsform. Frei sein. Und draußen sein. Immer etwas Geldsorgen. Und keinem an den Haken gehen. Und kein schlechtes Leben dabei haben.

Womit wir wieder beim Thema „Haken“ wären: Auch auf mein „Mehr-Erfolg-bei-Makrelen?“ weiß Giorgos Rat. Er rät mir nämlich zu größeren Ködern!

Und weil ich da halb zweifelnd („Mit dem Dingsda kann man kapitale Schwertfische aus dem Wasser ziehen“), halb begeistert dabei bin – denn „Angelhaken sammeln“ ist im Vergleich zu „Süßwein sammeln“ ein ausgesprochen preiswertes Hobby –, verschwindet Giorgos in den Tiefen seines Labyrinths. Und kommt zurück mit: der Mutter aller Köder, einem neonfarbigen, wibbeligen Etwas mit gewaltigem Haken. Und schenkt ihn mir.

Poppig und klasse anzusehen ist der Köder ja. Ein echtes Schmuckstück in meiner Sammlung. Ist sicher auch schön, wenn er hinter LEVJE pink durchs Wasser wibbelt. Aber ich glaube: Nicht mal ich falle auf diesen Köder rein.

Wieso dann ausgerechnet die ausgebufften griechischen Makrelen?

Die vergessenen Inseln: Agios Fokas.
Oder: Eine Insel für den Heiligen der Seefahrer.

Wer sich in Monemvasia auf den Motorroller setzt und auf der Landstraße die Ostküste des Peloponnes lustvoll nach Süden knattert, der kommt dort, wo die Straße immer enger und schmaler wird und schließlich ganz endet, nach Agios Fokas, zur Insel des Heiligen Phokas.

Nicht dass der Heilige Phokas dort wirklich gelebt hätte: Der war eigentlich Gärtner in Sinope am Schwarzen Meer. Historisch gesehen gehört er in die Reihe der Märtyrer der großen Diokletianischen Christenverfolgung zu Beginn des 4. Jahrhunderts, wie die Heilige Katharina, der Quirin und andere Prominente.

Noch einmal, und paradoxerweise nur zehn Jahre, bevor das Christentum als Staatsreligion offiziell durch Konstantin eingeführt wurde, bäumte sich der römische Machtapparat auf und versuchte, das Christentum abzuschütteln wie ein gepeinigter Hund die Flöhe. Vor allem aus Staatsdienst und Verwaltung sollten Christen entfernt werden. Wer im Westen des Reiches nicht abschwor, wurde in die Bergwerke deportiert.

Im Osten des Reiches aber war die Verfolgung grausam und blutig und Phokas war vermutlich eines ihrer Opfer.

Die Heiligenlegenden des Phokas sind schnell erzählt, jedenfalls die wichtigste von ihnen: Soldaten hatten den Auftrag, Phokas zu suchen und zu töten. Müde von der Suche, kehrten sie bei einem Gärtner vor der Stadt ein, der sie aufnahm und bewirtete – Phokas. Als der erfuhr, dass die Suche ihm galt, ging er in seinen Garten, hob ein Grab aus, betete die Nacht über, gab sich am Morgen den Soldaten als der Gesuchte zu erkennen. Und wurde enthauptet.

Damit endete ein Leben. Wie die Legende erzählt, mit großer Standhaftigkeit in großer Bedrängnis. Und weil die Erfindung der Spaßgesellschaft noch nicht so lange her ist in der Menschheitsgeschichte und weil „Leben in Bedrängnis" immer ganz oben auf der Tagesordnung stand und immer noch steht: Deshalb begann das zweite Leben des Phokas mit einer Legende. Und die machte ihn zum Helfer und Patron der Gärtner und Seefahrer, die ihm auch hier, auf dem vergessenen Inselchen von Agios Fokas, einen Ort der Bitte und des Dankes erbauten.

Und wer weiß: Vielleicht trägt der Wind, der immer durch das stille Kirchlein weht und den blauen Vorhang bauscht, so manchen Wunsch an einen fernen Ort, wo er gehört wird.

Unter Segeln: Durch die Nacht. Von Monemvasia nach Milos.

Wer auf der 5000, 6000 Jahre alten Händler-Seeroute vom Peloponnes nach Osten in die Inselwelt der Ägäis will, für den ist die Insel Milos das nächste Ziel, knapp 70 Seemeilen entfernt. 70 Seemeilen, das bedeutet: 130 Kilometer übers offene Meer, etwa 14 Stunden. Und weil ich gerne Milos noch bei Tageslicht erreichen will, um zu sehen, wo wir unseren Anker fallen lassen, fassen Andreas und ich den Plan, morgens gegen 3 Uhr in Monemvasia aufzubrechen.

Gegen 2 Uhr werde ich wach. Nicht ganz freiwillig: Die griechische Band, die seit 23 Uhr am Hafen endlos sich wiederholende balkanische Klagelieder jault, tut das ihre dazu. Ich halte die Uhr in der Dunkelheit vor die Augen, spiele einen Moment mit dem Gedanken, mich noch einmal umzudrehen, weiterzuschlafen. Nichts da. Ich stehe auf. Andreas ist wach. Wir kochen uns in der Dunkelheit Kaffee mit warmer Milch. Ein Biss ins Brot. Schwimmwesten an. Lifebelts an. Navigationslichter an. Und das kleine Dämmerlicht über dem Kartentisch. Dann raus in die sternklare Nacht. Warmer, leichter Nordost. Ein Käuzchen ruft.

Unsere Festmacher haben wir am Abend vorher schon klariert, alles soll zwischen den anderen Hafenliegern so lautlos wie möglich vor sich gehen. Es ist 02:30 Uhr. Der Motor springt bullernd an, ich werfe die Achterleinen los, Andreas holt im Dunkel vorne den Anker hoch, zieht uns langsam ins Hafenbecken. Ruhig gleiten wir aus dem Hafen, vorbei an den dunklen Molenköpfen und hinaus, südlich am Felsen der byzantinischen Festung Monemvasia entlang.

Kaum haben wir den Hafen verlassen, wird aus dem leichten Nordost eine nette 10-Knoten-am-Wind-Brise: genau LEVJEs Wetter. Ein Aufschießer in der Dunkelheit, erst das Groß, dann die Genua setzen und zurück auf unseren Kurs für die nächsten 14 Stunden: Auf Kurs 80 Grad zieht uns der warme Wind durch die mondlose Nacht, durch die Dunkelheit nach Osten. Ich übernehme die erste Wache bis Sonnenaufgang. Wie immer freue ich mich über die Geschwindigkeit, die LEVJE aus dem wenigen Wind herausholt: stabil über 5 Knoten aus 8, 9 Knoten vorlichem Wind. Reine Freude.

Ich beobachte die Segel, zupfe hier, ziehe da, optimiere, versuche, die Geschwindigkeit noch zu steigern. Aber alles arbeitet hervorragend. Das Schiff läuft, die Segel ziehen, der Autopilot macht surrend seine Arbeit. Ich kann nichts besser machen in der Dunkelheit, nur auf die gelegentlichen kleinen Windänderungen reagieren und die Segelstellung gleich korrigieren. Ich laufe auf dem Schiff herum, schaue mir mit der Taschenlampe die Segel von allen Seiten an, beobachte das Rauschen des Wassers am Bug. LEVJE läuft.

Wir sind allein draußen. Fast. Denn hin und wieder zieht im Dunkel ein Frachter um die Südecke des Peloponnes und geht auf Nordkurs, Richtung Athen und Piräus, auch das ist eine uralte Händlerroute, der sie folgen. Und wie so oft, wenn ich in der Morgendämmerung mit Ostkurs unterwegs war, foppt mich der im Osten aufgehende Morgenstern, die Venus. Zuerst denke ich, es ist das Topplicht eines anderen Seglers, was da im Osten über der Kimm aufsteigt. Das Licht wird größer und heller. Ich nehme das Fernglas, um den vermeintlichen Entgegenkommer zu sehen. Das Licht steigt höher und höher und irgendwann in der Morgendämmerung dämmert es auch in mir: Es ist die Venus. Und nicht ein Segler auf Gegenkurs.

Bei Sonnenaufgang haben wir immer noch guten Wind. Monemvasia ist längst hinter uns verschwunden im Dunst, wir sind jetzt draußen. Und zum ersten Mal ist jetzt vor der aufgehenden Sonne die Silhouette einer Insel voraus zu erkennen, nur für eine Viertelstunde. Mit der höher steigenden Sonne verliert sich, was vorher wie ein Scherenschnitt war, wieder in der Weite, im Dunst der Erdkrümmung. So müssen das die Alten auch gemacht haben: bei Sonnenaufgang unbekannte Inseln voraus entdecken.

Während die Sonne schnell kräftiger wird, werde ich müde. Meine Wache ist vorbei, Andreas übernimmt, jetzt führt er das Schiff, passt auf und ich lege mich schlafen.

Weil der Wind anhält, erreichen wir die Insel Milos schneller als gedacht. Aber nichts ist vollkommen: Als wir gegen 14 Uhr Andimilos, den heißen Felsklotz vor Milos passieren, schläft der Wind schlagartig ein. Der Seegang aber nicht: LEVJE schaukelt im Kreuz und Quer der Wellen hilflos hin und her, ein bemitleidenswertes Geklapper in der Takelage, ich mag schon den ersten Klapperer nicht, wenn die Welle zum ersten Mal stärker als der Wind ist und mir untrüglich zu verstehen gibt, dass es vorbei ist mit dem Wind. Und nichts mehr geht. Also motoren wir eine Stunde, es ist ein Geschaukel.

Was müssen erst die Doldrums sein, die windstille Zone in Äquatornähe, da geht das wochenlang so. Aber kurz vor der Einfahrt in den alten Vulkankrater, der von der Insel Milos nach einer gewaltigen Explosion – ähnlich wie Santorin – übrig blieb, ist der Wind wieder da. Böig zwar – aber er ist da. Er treibt uns um den gewaltigen Felsen, der aussieht wie ein lotrecht ins Meer gerammtes Brett in die Einfahrt in den Krater und die große Hafenbucht von Milos.

Wir passieren den Felsen ganz nah, das Wasser ist hier tief, runden eine zweite Huck. Und dann liegt da, unerwartet, mitten im vulkanischen Gestein, verführerisch glatt und ruhig und ruhiges Liegen verheißend, eine Ankerbucht, Agiou Dimitrou. Unter Segeln einlaufend, beschließen wir, hier unseren Anker fallen zu lassen, im Vulkankegel, an den Abhängen des alten Kraters.

Und außer der kleinen Kapelle des Heiligen Dimitrios und einem anderen Segler ist es dann nur die Stille, die uns empfängt.

Menschen am Meer: Giorgos.
Oder: Muränen sterben langsam.

Der da gleich nach unserem Ankermanöver auf Milos an LEVJE vorbeischwimmt, ist Giorgos. Er ist Lehrer und lebt eigentlich in Athen. Aber wie so viele Griechen, die ich unterwegs kennenlerne, kehrt auch Giorgos einmal im Jahr für lange Ferien zurück, dorthin, wo er aufgewachsen ist: nach Milos. Und da verbringt er eine gute Zeit. Meist mit Freunden auf einem kleinen Motorboot, draußen auf dem Meer. Auf dem kleinen Boot, das weiter entfernt neben uns gemächlich in der Bucht schaukelt, sind zwei Familien versammelt: Giorgos Freund mit Frau und Kind. Eine Freundin mit Kind. Und Giorgos. Sie liegen da. Schaukeln in den Wellen. Machen Musik. Ein friedliches Völkchen.

Und weil ja Abends etwas auf den Teller muss, zieht Giorgos mit seiner Harpune los. Bald ist er wieder auf dem Rückweg. In der Felswand hat er eine mittelgroße Dorade harpuniert. Und eine braune Muräne. Ein wunderschönes, fast meterlanges Exemplar. Man sieht sie an der Spitze der Harpune.

Giorgos freut sich über sein Jagdglück. „Muräne gegrillt ist köstlich“, sagt er. Und daran zweifle ich nicht, seit ich letzten Winter in LEVJEs Heimathafen Izola in Slowenien gegrillten Meeraal vorgesetzt bekam. Im RIBICA, das von Fischern betrieben wird. „Ugro, Ugro“, sagten die slowenischen Fischer immer wieder aufmunternd zu mir, als ich zögerte, das Gericht anzunehmen. Erst als sie mir das italienische Wort nannten – „Congro“ –, dämmerte mir langsam, was die seeteufelähnlichen, gegrillten und mit Petersilie bestreuten Scheiben Weißfisch waren. Es war einer der besten Fischteller, den ich je vor mir hatte.

Aber leider ist die große braune Muräne noch nicht verendet. Sie kämpft. Sie krampft. Und knotet sich glitschend um die Harpunenspitze. Sie windet sich zu einem Knäuel. Und versucht, sich irgendwie von der Harpune zu befreien, das scheußliche Ding loszuwerden, das ihre ledrige Haut unmittelbar hinter dem Schädel mit den kleinen Augen durchbohrt hat.

Eh ich mich’s versehe, hat mir Giorgos die Harpune in die Hand gedrückt, samt der sich windenden Muräne. Er habe etwas entdeckt, meint er, und schnorchelt zum Grund. Die Muräne blickt mich an. Öffnet das Maul in hilflosem Versuch, sich an irgendetwas festzubeißen. Windet sich erneut zu einem Schlangen-Knäuel, um sich mit Muskelkraft von der Spitze hinunterzukämpfen. Die Harpune in meiner Hand zittert von ihrer Anstrengung. Als er auftaucht, hat er eine kinderkopfgroße Steckmuschel in der Hand. „Auf dem Holzkohlengrill ein Gedicht“, meint Giorgos. Und will sie mir in die Hand drücken.

Aber so weit meine kulinarische Experimentierlust sonst auch geht: Irgendwie ist sie heute erloschen. Der Kampf des Tieres auf der Harpunenspitze dauert mich. Während ich noch mit der Muräne in der Hand dastehe, fällt mir dazu schon nichts Vernünftiges ein, wie ich dem Leiden der sich windenden, knäuelnden Kreatur ein schnelles und für mich akzeptables Ende setzen könnte. Keines, über das ich hier gerne schriebe. Nein. Heute keine Muräne. Und keine Steckmuschel vom Grill.

Die Muräne erinnert mich daran, wie wir überall mit Tieren umgehen, auch bei uns in Deutschland. Das Schwein, das meine Großmutter zu ihrer Goldenen Hochzeit schlachten ließ, als ich ein kleiner Junge war, bei sich im Hof. Der Metzger, der Fischer-Seppl, ging zielstrebig zu Werk, er wusste, wie er es machen musste. Aber trotzdem ließ die ganze Prozedur samt fröhlichem Kesselfleisch-Essen der Gäste mich, den damals Achtjährigen, verstört zurück. Ich habe nie Kesselfleisch gegessen. Hummer auch nicht. Nicht mal gekostet. Seit ich in meinem geliebten OBELISCO am Containerhafen von Livorno neben dem Buchenholzgrill einmal zusah, wie ein Hummer lebend draufkam. Und sich geschlagene zehn Minuten über den glühenden Buchenholzscheiten wand, bis sein Leiden vorüber war.

Da ist sie dann wieder, die Frage: Auf der Stelle Vegetarier werden? Ändert nichts an der Tatsache, dass genau in diesem Augenblick, wo immer wir uns gerade befinden, in geringster Entfernung Tiere geschlachtet werden. Uns in guter deutscher Manier raushalten? Ich fürchte, die Zukunft wird uns anderes abverlangen. Augenblicklich eine Initiative gegen das Harpunieren gründen? Aufkleber verteilen? Eine Webseite bauen?

Oder einfach den freundlichen Giorgos schelten? Und was, wenn er, der mir freundlich begegnete und mich nicht gleich mit der „Troika“ gleichsetzte, mir die Worte „WIESENHOF“ und „WIETZE“ um die Ohren haut? 432.000 geschlachtete Hühner. Pro Tag. Und das in nur EINEM von vielen Hühner-Schlachthöfen in Deutschland. Und was ist mit den Fischfarmen, die mich auf meiner ganzen Reise von Triest bis hierher begleiteten?

Nein, ich fürchte, dies ist, was man „Leben“ nennt, in seiner ganzen Widersprüchlichkeit. Wir können den Kreaturen, die für uns ihr Leben lassen, mit Respekt begegnen. Für artgerechte Aufzucht und ein erträgliches Ende ohne Qual sorgen. Das ja. Aber das „Stirb und werde“ und unsere Rolle dabei: Daran werden wir wenig ändern. Oder?

TEIL IV. GRIECHENLAND AB MILOS.

Tirana
Thessalonika
Istanbul
Bursa
Othonoi
Erikoussa
Korfu
Larisa
Manisa
Izmir
Lefkas
Ithaki
Kefalonia
Patra
Athens
Zakynthos
Olympia
Paros
Monemvasia
Amorgos
Kos
Milos

Die Route.

Milos
Östlich von Milos
Kimolos
Despotiko
Paros
Amorgos
Levitha

Die Obsidiansammler von Milos. Oder: Warum man mit einem 5.000 Jahre alten Obsidianmesser eine Zucchini schneiden kann.

Wann die Insel Milos eigentlich entstanden ist, kann niemand sagen. Nur dass die gewaltige Detonation eines Vulkans Milos ihre heutige Form gab, das weiß man. Es war nicht einfach nur ein Vulkanausbruch: Die ganze Spitze des Vulkankegels flog in die Luft, detonierte, schleuderte Abertonnen an Gasen, Asche, Lava, brodelndem Gestein und Unmengen Staub in die Atmosphäre. Man kann nur mutmaßen, in welch gewaltigem Ausmaß diese Explosion das Klima der Nordhalbkugel auf Jahrhunderte beeinflusste. Und dessen Klima in den Eisschrank schickte.

Zurück blieb: Dunkelheit. Stille. Rauchendes Grau. Eine Kraterwunde in der dampfenden Erdkruste, die langsam auskühlte. Und voll Meerwasser lief. Gesteine, die es vorher nicht gegeben hatte, aus dem Erdinneren an der Oberfläche. Gesteine, welche die Detonation in einer Hexenküche aus jenseitiger Hitze und aberwitzigem Druck erschaffen hatte: wie das Vulkanglas Obsidian. Es ist ein Gestein, das tiefschwarz glänzt und hart ist. Es ist hart wie Glas. Und Obsidian gibt es, glaubt man David Aboulafias wunderbarer Monografie mit dem Titel *Das Mittelmeer*, in eben diesem Meer fast nur an dieser einen Stelle: auf Milos.

Irgendwann in der „neolithischen Revolution“ lernten die frühen Menschen, nicht nur von dem zu leben, was sie umherziehend fanden. Sondern sie erwarben das Know-how, Getreide anzubauen, Vieh zu domestizieren. Irgendwann in dieser Zeit zwischen 7500 und 5000 vor Christus müssen Menschen auch Milos erreicht haben. Warum? Das weiß man nicht. Ob Not oder Entdeckerlust, Hunger oder Erobererwille … man kennt die Gründe nicht. Sie kamen in einfachen geflochtenen Schilfkanus. Der Meeresspiegel lag weit über 100 Meter tiefer als heute, die Distanzen zwischen den Inseln waren deshalb kürzer. Aber trotzdem muss es für diese Steinzeitmenschen ein echtes Wagnis gewesen sein, über das offene Meer zu fahren. Man kann den Mut, der sie beflügelte, oder die Furcht und den Hunger, der sie trieb, nicht genug nachempfinden. Ob aus Not oder aus Neugier, sie waren Entdecker und Sucher. Und sie stellten bei ihren Streifzügen über die Insel fest, dass es dort dieses schwarze Gestein gab. Und dass Klingen, aus Bruchsplittern dieses Gesteins mit Tiersehnen in einen Holzgriff gebunden, schärfer schnitten, härter und widerstandsfähiger waren als jedes andere Gestein, das diese Menschen kannten. Obsidian wurde zum begehrten Gut.

Zur „neolithischen Revolution“ gehört auch, dass die Menschen begannen, sich in den Gemeinschaften zu spezialisieren. Nicht mehr jeder im umherziehenden Nomadenclan konnte alles, machte alles und sammelte alles. Sondern die einen konzentrierten sich auf die eigentliche Landwirtschaft. Wieder andere im Clan begannen, Werkzeuge herzustellen und diese fortlaufend zu verbessern. Und vor allem: dieses Wissen auch an andere weiterzugeben. Nur so ist zu erklären, dass Pfeilspitzen und Messerklingen aus dem glasharten Obsidian immer perfekter, immer ebenmäßiger und wertiger wurden.

Die Obsidianfunde aus dem etwa 50 Kilometer entfernten Paros zeigen, was für perfekte, konzentrierte Handwerker die Menschen des Mittelmeers um 4000 vor Christus bereits waren.

Es bedurfte unglaublichen Know-hows und der Erfahrung vieler, vieler Generationen an Steinbearbeitern, bis die Menschen in der Lage waren, die fein gearbeiteten, nur fingergroßen Pfeilspitzen oder Lanzenspitzen herzustellen. Produkte wie diese müssen ausgesprochen begehrt gewesen sein: Und ihr Rohstoff, der unbehauene Obsidian auf Milos, wurde immer gefragter. Auch dies muss einer der Punkte gewesen sein, an denen unsere heutige Wirtschaftsform entstand: Einer hat was, das der andere gerne hätte. Bedarf und Begehren. Angebot und Nachfrage. Das große Feilschen, das bis heute anhält und unser aller Leben bestimmt: Es ist hier in der frühesten Steinzeit erkennbar. Denn Obsidian wurde laut David Aboulafia von der Insel Milos seit etwa 12.000 vor Christus geholt.

Es war wohl auch kein organisierter, kommerziell betriebener Bergbau. Wie Aboulafia schreibt, besaß die Insel Milos keinen Hafen. Wer Obsidian wollte, suchte sich eine Stelle zum Anlanden. Und ging es suchen. Ein Zweites ist hier in seiner frühen Form erkennbar: Fernhandel. Immer öfter müssen Menschen nach Milos gefahren sein, um den begehrten Rohstoff dort zu holen – ihn entweder über die Insel streifend selber aufzulesen. Und mitzunehmen, was gefiel. Oder ihn korbweise zu sammeln. Oder ihn bei dort ansässigen Sammlern, die seinen Wert kannten, einfach einzutauschen gegen etwas, das die Obsidiansammler selbst benötigten. Saatgut? Purpurfarbe aus Muscheln? Der Handel entstand. Und mit ihm die Seefahrt.

Der Obsidian aus Milos verbreitete sich immer weiter. Bearbeitete Stücke finden Archäologen heute an der türkischen Küste, auf dem griechischen Festland und in Süditalien, auf Sizilien und Sardinien. Gute Obsidianklingen wanderten von Hand zu Hand, von Generation zu Generation. Selbst als um 3000 vor Christus einige Hundert Seemeilen weiter östlich ein ganz neuer Werkstoff entwickelt wurde – die Bronze –, blieb Obsidian weiterhin begehrt und hatte seinen Höhepunkt erst noch vor sich. Er war vergleichsweise einfach, Klingen und Pfeilspitzen waren nach all der Erfahrung inzwischen leicht herzustellen. Spezialisten für die Bearbeitung saßen in Zentren. Die meisten bearbeiteten Obsidian-Werkstücke, die Archäologen heute finden, wurden vermutlich in der Bronzezeit hergestellt. Und das Rohmaterial dazu, das stammte aus Milos.

Bei meinen Wanderungen über die Insel Milos fand ich oben auf dem Grat über dem Meer ein kleines Steinzeitmesser aus Obsidian. Dessen Schneide ist heute immer noch so scharf wie vor 5000, 10.000 Jahren, als Steinzeitmenschen dieses Messer aus einem größeren Obsidianbrocken heraussprengten. Und es über Generationen verwendeten.

Die vergessenen Inseln:
Milos. Oder: Wenn Tonscherben erzählen.

Es gehört zu den Besonderheiten einer Reise durch die griechische und türkische Ägäis: Wo immer man den Fuß an Land setzt, tritt man in antike Tonscherben. In die Überreste von Krügen und Krateren, von Amphoren und Ampullen, von Vasen und Weinbehältern. Für einen Historiker ist allein das schon jeden Tag ein Fest: Scherben von Tonkrügen. Von Weinbechern, mit denen gefeiert und gelacht wurde. Reste von Amphoren, in denen Brotgetreide, Haselnüsse, Fischsauce transportiert wurde. Tonkrüge, in denen Kräuter, Weihrauch, Parfüm, Gewürze gehandelt wurden. Zeugnisse des Lebens vor 2000, 3000, 5000 Jahren. Wohin man nur schaut, wohin man auch tritt: Siedlungen, Händlerorte, Festungen, Hafenstädte, Werften zur Reparatur von Kriegsschiffen oder dickbauchigen Handelskähnen. Belebt in den 1000 Jahren vor Christi Geburt. Untergegangen, aufgegeben, verlassen meist 500 Jahre danach.

Weil das Entdecken dieser untergegangenen Welt so fesselnd ist, habe ich schon vor längerer Zeit ein Abendritual entwickelt. Wo immer ich gerade bin, rudere ich mit dem Schlauchboot an Land und streife bis Sonnenuntergang in der Landschaft umher. Den Kopf gebeugt, immer auf der Suche nach der einen Tonscherbe, die plötzlich zu reden beginnt. Es ist wie eine Detektivarbeit.

Für die meisten Menschen sind Tonscherben – wie alles aus der Antike – „tote Steine“. Auch für Andreas, der mich bei meinen Wanderungen auf Milos begleitet. Aber Andreas wird leise, als ich vor ihm die Geschichte ausbreite, die eine Handvoll Tonscherben vom Leben in dieser Bucht vor über 2600 Jahren erzählt, die wir oberhalb der Bucht von Agiou Dimitrou, unserem Ankerplatz, finden.

Tonscherben sind so eine Art „Plastiktüten-Reste der Antike“: Behälter für Transport und Aufbewahrung, von Nahrung und anderem. Und genauso wie Plastiktüten sind Tonscherben individuell gestaltet: Mal sind sie dickwandig, aus grobem Material, von grobschlächtiger Hand geformt. Mal ganz fein und zerbrechlich und zeugen von teurem Geschmack. Mal sind sie grob glattwandig, mal geriffelt, mal bemalt. Mal dünnwandig, mal dick. Mal Bruchstücke eines großen Gefäßes, einer Amphore, mal von einem kleinen Weinbecher, einem Krater.

Das Besondere an antiken Tongefäßen ist zweierlei: Meistens wurden sie nicht an dem Ort hergestellt, an dem man sie findet. In verschiedenen Phasen der Antike gab es jeweils andere Produktionsstandorte, die den Markt beherrschten: die Minoer auf Kreta um 1500 vor Christi Geburt. Danach die Mykenier, die das Handelsnetz der Minoer übernahmen, bis 1200 v. Chr. Danach die dunklen Jahrhunderte. Dann die Korinther ab 800. Dann die Athener um 500. Zuletzt die Römer.

Jede dieser Keramik-Produktionsstätten hatte eine ganz eigene Art, Tongefäße zu gestalten, sodass sich aus Verarbeitung und Gestaltung Hinweise ergeben, welchem großen Exporteur und welcher Epoche die Tonscherben zuzurechnen sind.

Und je nachdem, was man so findet, kann man sich ein bisschen von dem zusammenreimen, wer hier wann, warum und wie gelebt hat. Das geht auch als Laie. Zwar nicht annähernd mit der Treffsicherheit der Archäologen. Aber wir wollen weniger exakte Geschichte als vielmehr Geschichten vom Boden auflesen.

Und das ist, was wir an diesem Abend auf Milos entdeckt haben: Diese Scherben erzählen folgende Geschichte über die Besiedlung der Bucht und das Leben hier am Meer.

Die ersten Menschen kamen übers Meer und sie siedelten hier vermutlich bereits zwischen 5000 und 3000 vor Christi Geburt. Wahrscheinlich sogar noch weit früher. Wie geschildert, lagen die Meeresspiegel mehr als 100 Meter tiefer, es war erheblich kälter, die letzte Eiszeit lag gerade mal 5000 Jahre zurück.

Wegen des niedrigeren Meeresspiegels waren die Inseln alle etwas näher als heute gelegen. Trotzdem müssen die Siedler, die das kleine Steinzeitmesser, das Microlith, benutzten, schon eine weite Strecke über das Meer gefahren sein – und das vermutlich in kleinen, aus Schilf geflochtenen Kanus. Es war eine Gemeinschaft von Jägern oder Fischern, die an dieser Stelle lebte. Und: Weil sie ganz oben auf dem Grat lebten, nach damaliger Rechnung 200 Höhenmeter über dem Meer, muss es in einer Zeit gewesen sein, in der kriegerische Auseinandersetzungen zwischen einzelnen Clans an der Tagesordnung waren. Auch dies: Krieg, die Waffen gegen die eigene Art erheben, ist eine Erfindung des neueren Menschen. Als die Menschen mehr und die Nahrung knapper wurde.

In den Jahrhunderten zwischen 1700 und 1300 vor Christus schufen die Kreter zum ersten Mal ein Handelsnetz im östlichen Mittelmeer: Die Bronzezeit war angebrochen, der Hunger nach dem neuen Werkstoff für Werkzeug und Waffen unersättlich. Die Kreter schafften Kupferbarren von der Kupferinsel, von Zypern, heran. Und die für die Legierung erforderlichen 10 Prozent Zinn aus dem Schwarzen Meer. Und von dort überall hin im östlichen Mittelmeer, bis hinunter nach Tameri, nach Ägypten. Und später Getreide, Wein, Textilien, Weihrauch, Bauholz, wer weiß was noch alles, in alle Richtungen des östlichen Mittelmeeres.

Es war eine Welt in Blüte. Und die kleine Bucht von Milos war Teil dieser Welt: Hier existierte vermutlich eine kretische – wahrscheinlicher: eine mykenische – Handelssiedlung. Die kleine Tonscherbe rechts neben dem Microlith gehört aufgrund des geometrischen Musters vielleicht in die Zeit um 1300 vor Christus. Die Dünnwandigkeit und die fein aufgetragenen vier Streifen bedeuten, dass das Stück von einem Experten geschaffen und für gehobenen Bedarf von Händlern hierher transportiert worden sein muss. Händlersiedlung: Das bedeutet Händler. Und Handwerker, die Waren schufen, die ihrerseits für den Export geeignet waren. Wer weiß, worauf sich die Handwerker von Milos spezialisiert hatten. Und Bauern, die produzierten, was für die Versorgung der Bevölkerung notwendig war.

Um 1250, nicht aus Zufall zeitgleich mit dem Untergang Trojas, brach diese Händlerwelt im östlichen Mittelmeer vollständig zusammen. Die Seevölker, aus Völkerwanderungsprozessen hervorgegangene Gemeinschaften von Plünderern, verheerten, zerstörten, plünderten binnen Stunden, was jahrhundertelang funktionierender Wirtschaftsraum war. In der einst florierenden Handelsmetropole Ugarit im heutigen Syrien fand man auf einer Lehmtafel, dem üblichen Kommunikationsmittel, den Hilferuf des örtlichen Herrschers vor heranrückenden Horden. Doch die erreichten die Stadt schneller, als die Lehmtafel gebrannt und an den Empfänger abgehen konnte. Archäologen fanden sie noch im Brennofen liegend, der mit der Stadt zerstört wurde. Die Stadt: Sie sollte nie wieder aufgebaut werden.

Vom Peloponnes über die türkische und libanesische Küste bis hinunter nach Ägypten zog sich die Verwüstung über 200 Jahre. Kaum dass sich Ägypten des Ansturms erwehren konnte. So meinte Pharao Merenptah noch stolz, den

Frieden gesichert zu haben gegen die hungernden Horden. „Sie verbringen den Tag, indem sie das Land durchstreifen und kämpfen, um ihren Bauch täglich zu füllen; sie sind in das Land Ägypten gekommen, um Nahrung zu suchen für ihre Münder“ (Aboulafia, S. 88).

Die Auseinandersetzungen dauerten lange, Verheerung und Verwüstung, der Stillstand noch länger. Erst die Phönizier, die Purpurhändler um 1000 vor Christus aus Tyros im heutigen Libanon, begannen, wieder ein Handelsnetz aufzubauen. Und auf ihren Schiffen Handel zu treiben über die kleine Stadt Tyros hinaus. Doch diesmal weiter, noch weiter, noch viel weiter, als Kreter und Mykenier gekommen waren. Erst bis Sizilien, dann Sardinien, dann Nordafrika, wo sie Karthago gründeten. Bis über Gibraltar hinaus nach Portugal zog sich ihr Handelsnetz.

Um 800 vor Christus trat Korinth als führender Händler für Töpferwaren auf den Plan und wurde wiederum 500 vor Christus durch Athen abgelöst. Korinthische und athenische Töpferwaren fanden reißenden Absatz, Archäologen stoßen auf ihre Scherben fast im gesamten Mittelmeerraum – auch in unserer Bucht auf Milos. Die braun bemalten Tonscherben könnten aus dieser Zeit stammen. Und ein kleiner Hinweis sein, dass Milos nach den dunklen Jahrhunderten an dieser Stelle wieder eine Siedlung hatte.

Eine, die funktionierte. Denn auch der Großteil der übrigen Tonscherben gehört vermutlich in diese Zeit, in der die Siedlung wahrscheinlich ihre größte Ausdehnung hatte. In den Jahrhunderten vor und nach Christi Geburt müssen hier immer Menschen gelebt haben. Der Hang ist voll von Amphorenhenkeln, Krugscherben, Becherresten. Mal florierte der Ort und man konnte sich edleres, dünnwandiges Geschirr leisten. Mal ging es nicht so gut: Die Keramik wurde, wie der große Krug- oder Amphorenhenkel rechts neben dem Bleistift, aus rauem Ton und vergleichsweise grobschlächtig und nachlässig produziert.

Ganz oben auf dem Grat finde ich Teile eines fein gearbeiteten, dünnwandigen Weingefäßes aus vermutlich vorchristlicher Zeit. Vielleicht war es – wie so oft – so: Am Hang, um den heute verlandeten Hafen in unserer Ankerbucht, lebten Händler, Handwerker, Sklaven. Produzierten, fabrizierten, trieben Handel, kochten. Stritten, liebten, lebten. Oben auf dem Grat war die Garnison, die den Händlerort schützte. Vielleicht auch ein Tempel. Und vielleicht war mein kleiner Tonrest Teil eines Weihegeschenks, bevor der Ort vermutlich am Ende der Römerzeit aufgegeben, verlassen und nie wieder richtig besiedelt wurde. Wahrscheinlich verschwand der Ort, wurde bedeutungslos, zuletzt aufgegeben wie überall in Europa, als das römische Reich unterging und die Welt der Antike endgültig zerbrach: in tausend Scherben. Und kleine Trümmer.

Alle Tonscherben verblieben an ihrem Fundort: dem Nordhang über der Bucht Agiou Dimitrou auf der Insel Milos.

Unter Segeln:
Östlich von Milos.
Oder: Wenn der Meltemi weht.

Unmittelbar östlich von Milos liegt ein kaum bekanntes, vergessenes kleines Inselparadies: zwei große und viele kleine Inseln, Inselchen, Felsbänke, Riffe, deren Namen kaum eine Seekarte nennt. Die beiden Hauptinseln dieser Gruppe heißen Kimolos und Polyegos und sie sind nicht unbedingt klein: Auf Kimolos leben immerhin fast 1000 Menschen.

Die Bedingungen sind hart. Ein bisschen Landwirtschaft. Etwas Fischfang. Ein wenig Tourismus. Es gibt kaum Wasser auf der Insel, mühsam schleppen es Tankschiffe herbei und nicht selten ist der Mangel im Sommer so groß, dass Wasser rationiert werden muss. Dann gibt es „Wasseralarm". Vielleicht ist dies auch der Grund, dass die Inseln – anders als das unmittelbar daneben liegende Milos – „vergessene Inseln" sind. Sie liegen abseits der großen Ströme. Unentdeckt. Sich selbst, Wind und Zeit überlassen.

Für den, der segelt, hat die Inselgruppe aber einen ganz besonderen Reiz: Wer hier allein sein will, findet eine Unzahl Meltemi-geschützter Ankerplätze zwischen den Inseln Kimolos, Polyegos, vor Agiou Giorgos oder Agio Efstathios.

Die Inselgruppe ist wie ein kleines Binnenrevier, nach Süden offen, aber geschützt vor dem fauchenden Meltemi, fast wie der Drake-Channel auf den British-Virgin-Islands, mit kaum besuchten Sandstränden, über denen nichts als Einsamkeit schwebt.

Als ich gegen Mittag von Milos lossegle und durch den einstigen Vulkankrater nach Norden kreuze, ist sich der Wind uneins. Mal 4 Beaufort von Nord, mal nichts von Süd. Geklapper im Rigg. Schläge im Tuch. Geschaukel in den Wellen. Gekabbel von überall her. Aber kaum bin ich aus dem Krater draußen, meldet sich der Meltemi zurück. Und weil es die Zeit ist, in der er wach wird, man kann die Uhr danach stellen, zwischen 2 und 3 Uhr geht's los. An diesem Tag wird er besonders wach und weht, wie es ihm gefällt, stark, bis in die Dreißiger hinein.

Weil mir das Gegenan-Bolzen auf Legerwall – der Wind treibt LEVJE unbarmherzig gegen Land – nördlich Kimolos im auffrischenden Meltemi wenig Spaß macht, laufe ich mit gerefften Segeln ab, durch die Meerenge von Pollonia, genau zwischen Milos und Kimolos hindurch und hinein in das Binnenrevier. Schlagartig ist's vorbei mit der Welle, alles ist glatt und türkis und sandfarben. Nur die Böen, die mit über 30 Knoten von Kimolos' langen, hellbraun gebrannten Hängen herabfegen, erinnern mich daran: dass draußen ein anderer Wind weht.

Stellt man sich die Fläche der Ägäis vor wie ein Wagenrad und die der ägäischen Inselwelt rundum nächstliegenden Festlande – Peloponnes, Attika, die türkische Küste – als äußere Begrenzung des Rades, dann stellt Paros praktisch die Nabe dieses Wagenrads und dessen Mitte dar. Bis zum Peloponnes ist es genauso weit wie bis zur türkischen Küste. Oder bis nach Athen. Und wer nach Norden will, der kommt fast trockenen Fußes über die eng beieinander liegenden Inseln Mykonos, Tinos und Andros in den Hafen der griechischen Hauptstadt.

Auf meinem fast 35 Seemeilen langen Tagesschlag von Kimolos herüber will ich in die Bucht Ormos Despotiko, wie die gleichnamige Insel westlich von Paros heißt. Schon auf der Karte ein wunderschönes Fleckchen: Groß. Geräumig. Nach Norden gut gegen den Meltemi geschützt. Mit flachen Wassertiefen und weithin gutem Ankergrund. Auf meinem Weg dahin liegen nur Sifnos und eine Handvoll kleiner Eilande: Nisos Strongylo, der einsame westlichste Ausläufer von Paros. Despotiko mit seiner im Sommer wunderschönen, aber leider überlaufenen Ankerbucht ganz im Süden. Und dann kommen auch schon Antiparos und die zwei Großen: Paros und Naxos – und damit habe ich auch schon die Hälfte der Ägäis durchmessen.

Blickt man von einem erhöhten Standort auf das Meer, sieht man auch einige Wind- und Wellenmuster, wie sie für die Ägäis im Spätsommer typisch sind. Neben dem Ritt im fauchenden Meltemi gehört zum Segeln in der Ägäis auch dies: Hat man am späteren Nachmittag, wenn der Meltemi auffrischt, die Inseln erreicht und segelt in ihrem Windschatten, dann ist es ein Segeln wie auf einem See. Die Wellen sind schlagartig weg. Das Wasser ist eben und glatt wie ein Brett. Das Boot gleitet dahin, nichts unterbricht LEVJEs leises Schnüren in den Wellen. Und nur die Böen, die von den Hügeln von Stongylo aufs Wasser fallen und LEVJE erst beschleunigen, gelegentlich aufs Wasser legen und zuletzt in den Wind drehen lassen, sie erinnern daran, dass der Meltemi ein launenhafter Hausherr ist: immer gut für Überraschungen, wenn man ihn, wie ich, „links“ und ablandig liegen lässt.

Die vergessenen Inseln: Despotiko. Oder: Der letzte Feldzug des Miltiades.

Oft auf meiner Segelreise durch die Ägäis frage ich mich: Bin ich es, der dank glücklicher Fügung Orte findet, die Geschichten erzählen? Oder sind es die Orte, die mich finden? Denn so war es auch mit Despotiko, der vergessenen Insel. Den Tag über war ich von Kimolos herübergesegelt, ein längerer Schlag, an Sifnos vorbei. Am späten Nachmittag begann ich Ausschau zu halten nach einem Platz, um ankernd die Nacht zu verbringen.

An zwei, drei Buchten segelte ich vorbei. Bleib ich hier? Bleib ich da? Bis ich mich entschied, noch vor Paros in die weite Ormos Despotiko einzulaufen. Eine Bucht, die jeder kennt, der durch die Gewässer um Paros und Naxos streift. Es ist ein Ankerparadies, das da zwischen dem bewohnten Antiparos im Osten und den unbewohnten Inseln Tsimintiri und Despotiko, den alten Piratenschlupfwinkeln liegt: weit, geräumig, das türkise Wasser begeisternd, vor dem Wind geschützt nach allen Himmelsrichtungen, Wassertiefe und Grund ideal zum Ankern. Ein Platz wie wenige. Ich blieb vier Tage.

Meiner Gewohnheit folgend, nutzte ich den späten Nachmittag, um mit meinem Dingi Streifzüge zu unternehmen. Zuerst nach Antiparos, das Land im Osten – da wars touristisch. Zwei nette Strandkneipen unter freiem Himmel, besucht von lustigen Quadbikern, ein Ort mit Blick in den Sonnenuntergang, geschaffen für den Sundowner. Die Einsamkeit hatte mich wieder ausgespuckt, hinein ins muntere Treiben derer, die ihren Sommerurlaub hier verbringen.

Dann nach Tsimintiri am Nordende der Bucht: baumlos, strauchlos, menschenleer, und der Meltemi treibt aus Nordwesten die Brandung an die Felsen. Doch plötzlich stehe ich – wie fast immer auf den Ägäis-Inseln und vorher auf Milos – in antiken Tonscherben. Die ersten Spuren uralter Besiedlung. Am dritten Tag dann mit dem Dingi hinüber nach Despotiko selber. Das Dingi an Land gezogen und vertäut und langsam Richtung Gipfel marschiert. Und plötzlich finde ich – oder es findet mich – dies: Ein weitläufiges Areal. Grundmauern aus behauenen Quadern. Die Reste einer Tempelanlage der Antike – ein Kultplatz, vielleicht nicht so groß wie Olympia, aber beeindruckend mit den fast fugenlos aufeinandergelegten Quadern, den üppigen Grundrissen, den Säulen mitten auf dieser vergessenen, nur von einem Schäfer bewohnten Insel, dessen Hunde mich aus der Ferne anbellen, während ich allein durch die Ruinen streife.

Kein Zweifel: Dies muss in der Antike ein bedeutendes Heiligtum gewesen sein, ein Ort, den zuverlässig untereinander streitenden und sich bekriegenden Hellenen ein Stück Gemeinsamkeit zu schaffen. Was ich fand, ist dies.

Es ist das antike Prepesinthos, ein Heiligtum, im 6., 7. Jahrhunderts vor Christus dem Apoll errichtet. Ein zentraler Ort, den Menschen vor 2.600 Jahren mit einer Bitte, einem Gebet, einem Flehen oder einem Dank aufsuchten. Ein Ort, an dem sie den Göttern oder nur einem Gott, Apoll, ein Opfer, ein Geschenk darbrachten. Manche Gold. Manche eine Figur. Andere nur einen Krug. Oder einen tönernen Weinbecher, in dessen Boden sie mit ungelenker Hand „Für Apoll“ ritzten.

Aber etwas stimmt nicht mit diesem Ort. Irgendetwas ist falsch. Und das hat mit dem marmornen Abbild des „Kouros“, des Jünglings, zu tun, den man im Bauschutt der weitläufigen

Ruinen fand. Denn der Kouros, vielmehr die vollständige Statue, war nur wenige Jahre in Prepesinthos aufgestellt. Der Kopf wurde etwa um 560 vor Christus geschaffen, und dies unergründliche Lächeln, das der Jüngling zeigt, sein Blick aus großen Augen in die Ewigkeit: verschwanden nur wenige Jahre später im Erdboden. Die Statue wurde zerstört – keine 70 Jahre, nachdem der Künstler sie geschaffen hatte. Zerstört nicht durch Erdbeben oder eine Naturkatastrophe. Sondern durch militärische Gewalt. Um danach in Trümmern als Baumaterial Verwendung zu finden.

Man ging zunächst von lokalen Unruhen aus. Dann von den Perserkriegen, in denen Naxos und Paros als wichtiger Trittstein für die Perser auf dem Weg nach Athen eine große Rolle spielten. Aber die jüngste Spur ist weit spannender. Sie führt nach Athen. Und mitten hinein in das größte Ereignis der griechischen Antike: Den Einmarsch der Perser mit ihren gewaltigen Heeren nach Griechenland. Und den Sieg der Athener über diesen Feind. Die Spur führt von der vergessenen Insel Despotiko zu Miltiades, dem Strategen, der die athenischen Truppen in der Schlacht von Marathon zum Sieg führte. Miltiades, der als größter Feldherr seiner Zeit galt. Der ein Jahr nach seiner erfolgreichen Kampagne von seiner Heimatstadt Athen beauftragt wurde, die Insel Paros zu unterwerfen. Aber die Bewohner von Paros und der umliegenden Inseln ließen sich nicht unterkriegen. Sie leisteten erfolgreich Widerstand, und es war vermutlich während dieses Kriegszuges, dass das nur wenige Meilen vor Paros liegende Apollon-Heiligtum von Griechen zerstört wurde. Und das Lächeln und der Blick des Kouros in die Ewigkeit für 2.500 Jahre im Erdboden verschwanden.

Miltiades verletzte sich auf diesem Feldzug bei der Belagerung der Stadt Paros, keine fünf Seemeilen nördlich von Despotiko. Am Bein. Glaubt man Herodot, hatte eine Priesterin ihn verleitet, über den Zaun eines in der Nähe liegenden Tempels zu klettern:

„Er ging hinein in das Tempelhaus, um dort irgend etwas zu tun, ich weiß nicht, ob er von den unberührbaren Dingen dort eines mit fortnehmen oder sonst etwas tun wollte. Aber schon an der Türe überlief ihn ein Schauder, er eilte zurück und verrenkte sich beim Herabspringen von der Mauer den Schenkel. Andere sagen, es sei eine Verletzung des Knies gewesen. Da kehrte denn Miltiades krank mit der Flotte nach Athen zurück ...“

Und wurde dort wegen seines Fehlschlags angeklagt. Die Krämerseelen von Athen nahmen den Fehlschlag ihrer Expansion und Aggression gnadenlos auf: Auf einer Krankenbahre hatte sich Miltiades vor Gericht für seine misslungene Expedition zu rechtfertigen. Aber lassen wir die Geschichte meinen guten Herodot zu Ende erzählen, fast ein Zeitgenosse des Miltiades, der mich auf LEVJE mit seinen Geschichten immer begleitet:

„Miltiades konnte nicht auftreten, um sich zu verteidigen, weil der Brand seinen Schenkel verzehrte und ihn an das Lager fesselte. Seine Freunde verteidigten ihn. Sie sprachen ausführlich von der Schlacht bei Marathon und von der Eroberung der Insel Lemnos, die er den Athenern gewonnen und den Pelasgern genommen hatte. Das Volk erließ ihm die Todesstrafe, erkannte ihn aber doch für schuldig und legte ihm eine Strafe von 50 Talenten auf. Darauf starb Miltiades; der Brand hatte seinen Schenkel zerstört. Die fünfzig Talente zahlte sein Sohn Kimon.“ (Herodot, Historien VI 136)

Als ich zurück zu LEVJE rudere, bin ich nachdenklich über diese Geschichte, die sich nur wenige Seemeilen von hier vor 2.500 Jahren abspielte. Die Gier eines erfolgreichen Mannes. Und sein elendes Sterben. Und die Gier der Gemeinschaft, der er diente. Zum ersten Mal liegt Nebel draußen über dem Meer. Eine erste Ahnung von Herbst ist da, Dunst liegt über den Bergen, selbst hier in der Ägäis. Wo die vergessenen Inseln dem, der zuhören mag, gute Geschichten leise ins Ohr flüstern

Der Mensch und seine Sachen: Das große und das kleine Beiboot. Oder: Wie viel Dingi braucht der Mensch?

Manche mögen's groß: Mit PS-starkem Außenborder hat ein richtiges Beiboot unbestreitbar Vorteile: Mal abgesehen vom Komfort erhöht es die Reichweite ungemein. Man kann damit einfach kilometerweit abgelegene Buchten und Sandstrände ansteuern. Flachgehende Flüsse und Kanäle erkunden. Orte erreichen, die für Yachten unerreichbar sind. Anlanden, wo keiner anlandet. Buchteln, wo keiner buchtelt. Und cool aussehen tut so ein brausendes Ding auch.

Für mich war ein großes Schlauchboot, das die italienische Sprache liebenswerterweise „il gommone", „das ganz große Gummi", nennt, nicht erstrebenswert. Erstens muss ich zusehen, dass ich Dingi und Accessoires wie Bodenbretter, Riemen, Blasebalg auf LEVJEs 31 Fuß unauffällig stauen kann. Ich habe auf LEVJE nur eine einzige Backskiste. Zweitens rudere ich gern – wahnsinnig gern. Katrin liebt mich, wenn ich sie im Mondschein auf dem Rückweg vom Abendessen über die Bucht rudere. Wenn ihre Hose dabei nass wird, liebt sie mich nicht mehr so arg.

Mein wichtigstes Argument bei meiner Entscheidung für ein kleines Dingi ist, was ich den „G-Faktor" nenne.

Das „G“ in „G-Faktor“ steht für das schöne bayrische Wort „Gschiss“. „Gschiss“ kann man übersetzen mit „Aufwand“: „Fui Gschiss“ = „viel Aufwand“. „Koa Gschiss“ = „kaum Aufwand“. Entsprechend bedeutet „Hoher G-Faktor“: „Ich muss viel Zeit und Mittel aufwenden.“ „Niedriger G-Faktor“: „Ich muss wenig Zeit und Mittel aufwenden.“

Da wir Menschen unser Leben, so erstrebenswert das wäre, nicht nur mit Dingen mit niedrigem „G-Faktor“ wie „Zeitung von gestern lesen“ oder „Banane vom Baum essen“ füllen können, bauen wir in unser Leben Sachen mit „hohem G-Faktor“ ein. Wir fahren in die Stadt und gehen ins Kino. Wir essen im Restaurant. Wir fliegen in die Karibik. Wir haben einen tollen, aber stressigen Job. Wird uns alles zu viel: kaufen wir uns ein Buch mit dem Titel „Simplify Your Life“.

Gelegentlich bauen wir auch Dinge mit sehr, sehr hohem „G-Faktor“ ein: Wir kaufen uns einen englischen Oldtimer, einen netten TR4. Wir bearbeiten und archivieren und retten unersetzliche Kinder- und Urlaubsfotos. Wir paragliden. Oder tauchen. Oder gehen segeln. Oder – um den „G-Faktor“ auf die Spitze zu treiben – wir lachen uns ein Segelboot an. Unendlich hoher „G-Faktor“!

Aber auch ein Segelboot selbst kann man mit „hohem G-Faktor“ oder „niedrigem G-Faktor“ betreiben. Ein richtiges „Gommone“ mit PS-starkem Außenborder bedeutet hohen „G-Faktor“: Das Boot, es ist schwer. Man braucht das Spifall oder gar den Spibaum, um es ins Wasser zu lassen. Manchmal muss man auch Davits dafür montieren. Es dauert, bis es im Wasser ist. Und wieder draußen. Die Jongliererei mit dem Außenborder ist Kraftakt mit höchstem G-Faktor. Manche haben an den Davits ein kleines Kränchen montiert. Der Außenborder muss einmal im Jahr gewartet werden. Meist tut’s ja der Tausch der Zündkerze. Plus durchspülen. Plus Gaszug abschmieren … „G-Faktor“!

Ich habe mir deshalb das kleinste Zwei-Mann-geeignete Dingi zugelegt, das der Hamburger Versender mit dem A im

Angebot hatte. Es hat ein klitzekleines Packmaß. Es ist in 7 Minuten aufgepumpt. Es ist in 3 Minuten im Wasser und startklar. Und in 4 Minuten aus dem Wasser und fest auf dem Vordeck vertäut. Ich rudere damit, wenn es sein muss, allein auch mal ein, zwei Kilometer über die Bucht. So wie auf einem Bild, mit dem mich Berthold von der SY KARO vor ein paar Tagen überraschte, dem ich ganz herzlich dafür danke. Im Sonnenuntergang vor Antiparos allein rudern: ganz viel Spaß; ganz niedriger „G-Faktor".

Aber leider: Wie jeder Bootsbesitzer träume auch ich von meinem nächsten Boot. Das ist selbstverständlich größer. Selbst vor meinem unschuldigen Zwei-Mann-Dingi kennen meine Träume kein Erbarmen. Wenn ich könnte, wie ich wollte ... dann hätte ich ja gerne wieder von Bruno Maitre das NAUTIRAID CORACLE 190. Das hatten wir mal als Dingi. Es war klasse. Meine Frau würde mich lieben, wegen des Mondscheins. Nur – der Aufbau, der dauert 20 bis 25 Minuten. Und die dicke 2,10 Meter lange Wurstverpackung – wo kann man die denn stauen? Und alle 3 Jahre muss es lackiert werden, mit Klarlack. Und damit der schön hält, 5 bis 6 Mal. Nach Zwischenschliff jeweils, versteht sich.

Wie gesagt: Der Trend geht im Leben immer zum höheren „G-Faktor". Ich glaub', ich lass es. Spaß gibt's auch einfacher.

Der Mensch und seine Sachen: Die Gorgo von Paros. Oder: Von Angst und Schrecken in Dunkelheit und Finsternis.

Ein Ort, den wir nicht verstehen, und voll lauernder Gefahren ist die Welt für uns nicht erst seit Putin, dem „Islamischen Staat“ oder dem letzten Börsencrash. Furcht, Angst und Schrecken: Sie gehören zu unserem Dasein, seit wir Menschen sind. Vieles an unserem Dasein hat sich verändert in den letzten 500.000 Jahren: dass wir Furcht empfinden, nicht. Nur wovor; und wie wir Menschen mit dieser Furcht umgehen, unterliegt einem ständigen Wandel. In seinem Buch „Traumpfade“ denkt Bruce Chatwin darüber nach, ob es die Begegnung des Menschen mit dem Säbelzahntiger war, die die Angst ins menschliche Dasein brachte. Richtig daran ist, dass es den überwiegenden Teil der Menschheitsgeschichte Naturgefahren, Naturgewalten waren, die es zu fürchten galt. Es war nützlich, Angst zu haben, bevor wir uns unachtsam einen giftigen Pilz in den Mund schieben. Oder eine Kreuzotter in die Hand nehmen. Oder bei Windstärke 9 aufs Meer gehen.

Betrachtet man die Entwicklung des menschlichen Lebens auf einer Uhr, die 24 Stunden hat, dann sind es vermutlich nur die letzten fünf Minuten auf dieser Uhr, in denen unsere Angst nichts mehr mit der uns umgebenden Natur zu tun hat. Unser Leben ist geprägt vom Schutz, den wir in großen Gemeinschaften, „Staat“, „Stadt“ oder „Firma“ genannt, genießen. Zu gruseln gibt's da überschaubar wenig.

Erst wenn ein Unwetter tobt oder eine Kündigungswelle anrollt, bricht Angst in unser Leben. Ansonsten schauen wir, wollen wir uns gruseln, Horrorfilme. Lesen in der Abendzeitung oder in Büchern Mordgeschichten. Fahren Geisterbahn. Springen mit Gummibändern an den Füßen in Abgründe. Oder gucken – das ist die mildere Dosierung – „Tatort“. Keine echten Gefahren, denn diese Schrecknisse bleiben ja im Fernseher, auf dem Papier. Und kommen nicht an uns heran. Aber irgendwo muss sie ja nun mal hin, unsere Angst. Denn sie ist in uns eingebaut.

Mit Schrecknissen gingen die Mittelmeervölker der Antike anders um. Meine Reise führte mich nach Paroiki, den Hauptort der Insel Paros. Im dortigen archäologischen Museum traf ich auf diese Figur einer Gorgo, die mir seither im Kopf umgeht. Gorgonen: Schreckgestalten, deren Blick denjenigen zu Stein erstarren lässt, der nicht gewappnet ist. Drei von ihnen kennt die griechische Mythologie: Stheno, die Mächtige. Euryale, die Weitspringende. Und natürlich Medusa. Sie hat es kraft ihres gräulichen Antlitzes tatsächlich bis in die Gegenwartskunst und auch in manche Gegenwartssprache geschafft: „Una medusa, una medusa“, rufen italienische Kinder erschreckt am Strand, wenn sie tote Quallen im Sand entdecken.

Unsere Medusa aus Paros aber ist ein echtes Kunstwerk, eins für den zweiten Blick. Der Körper zart, der eines Mädchens. Anmutig kniend wie eine Dienende. Die Flügel setzen wir in unserer Bildsprache natürlich mit einem Engel gleich. (Die wurden aber erst etwa 1300 Jahre später erfunden. Und dann mit den Flügeln der Gorgo nachgerüstet.) Die Gesten anmutig. Bis hierher stimmt alles.

Doch dann tritt Verstörendes ins Bild: Der Gürtel ist eine Schlange. Den Schlangenkopf hält die Gorgo fest in ihrer

Linken. Vollends verstörend der Kopf: Viel zu groß. Verzerrt zu einer Grimasse. Zu einem Sinnbild der Scheußlichkeit. Nichts, was wir sehen wollen. Nichts, was wir um uns haben wollen. Ein Schrecknis.

Die Figur stammt aus dem 6. Jahrhundert vor Christus. Homer war gerade ein paar Jahre tot, die Perser noch weit weg von Griechenland, Rom eben aus dem Ei geschlüpft, noch nicht mal ein Kaff, das Heiligtum von Olympia in vollem Betrieb. Und auf der anderen Seite der Adria ritzte das rätselhafte Volk der Daunier seine wunderbaren Vogelmenschen in Stein.

Man fand die Figur ein paar Meter von dort entfernt, wo sie heute noch steht: in Steinschutt und Geröll neben dem archäologischen Museum von Paros. Aufgestellt haben sie die Alten vor ihrer Stadt: nicht um sich zu gruseln, nein. Sondern um Schrecknisse von ihrer Gemeinschaft abzuwenden. Den bösen Blick. Krankheit. Siechtum. Hunger. Krieg. Untergang. Alles Dinge, die wir heute für gebannt halten. Fast. Der Schrecken, um die Schrecken ihrerseits zu bannen. Bedrohungen, deren Herkunft sie nicht verstanden. Wir kennen das: von den „Augen“-Amuletten auf Fischerbooten oder Häusern, von Malta über Sizilien bis in die Türkei. Die Mittelmeervölker haben sich, Islam hin, Christentum her, die Amulette aus der Antike erhalten.

Und wir? „Angst macht erfinderisch.“ „Karrieren werden aus Angst gemacht.“ Aber mein Satz lautet: Angst haben wir alle. Es ist menschlich. Aber wenn sich die Chance dazu bietet, sollte man seinen Ängsten nicht folgen. Weder wenn es darum geht, eine schwierige Entscheidung im Leben zu treffen, noch im Gewitter auf dem Meer. Es ist keine leichte Übung, Tag für Tag. Aber sie könnte sich lohnen.

Die vergessenen Schiffe: Das Wrack der Olympia. Oder: Wo „The Big Blue“ geboren wurde.

Da liegt sie, eingebettet ins tiefe, tiefe, tiefe Blau. Oh ja: Immer noch beeindruckend viel Hardware, als ich mich mit LEVJE näher und näher heranpirsche an sie. Rostfarben. Zwei große rostend-rote Trümmer im unendlichen Türkis des griechischen Sommers. Mir zugewandt das Heck mit dem hohen Schornstein. Der Bug, auf dem die umgestürzten gelben Ladekräne ruhen. Ein ungenutztes Rettungsboot hinten auf dem Oberdeck. Pittoresk, wahrscheinlich von Dreharbeiten übrig geblieben. Fenster, Türen längst von Wind und Wellen herausgeschlagen. Kein Kapitän mehr, der neben dem Steuerhaus steht und ein Hafenmanöver fährt.

Was genau am 13. Februar 1980, auf dem Frachter OLYMPIA, vormals INLAND, IMO-Nummer 51 61 653, vor der Westspitze der griechischen Insel Amorgos vor sich ging, ist nicht zu rekonstruieren. Ob sie einen Maschinenschaden hatte? Ob sie im auffrischenden Meltemi Anker warf und der nicht hielt? Ob sie ein Schmugglerschiff war? All das ist unklar. Klar ist, dass dieser Tag ihr letzter als seetüchtiges Schiff war. Sie lief auf Grund, schlug leck. Selbst ein herbeigerufener Schlepper, die MATSAS STAR, war nicht mehr in der Lage, sie von den Felsen zu ziehen. Man gab sie auf. Ließ sie liegen. Dort, wo sie gestrandet war. Das Schlimmste für den, der ein Schiff – ob groß, ob klein – führt. Ein braves Schiff und sein schlimmes Ende.

Ein gestrandetes Schiff ist ein schrecklicher Anblick. Es ist das Sinnbild von Scheitern. Und von Endgültigkeit. Nicht nur: „Es hat nicht geklappt." Sondern: Es ist nicht wiedergutzumachen. Irreversibel. Nicht zu ändern. Aus. Vorbei. „Ich stehe nie wieder auf." Und doch begann am 13. Februar 1980 das zweite Leben des Frachters OLYMPIA. Ein viel berühmteres, als dieser Frachter, den man 1950 im ostenglischen Goole auf der legendären gleichnamigen Werft gebaut hatte, zu Lebzeiten jemals hatte. Denn acht Jahre später entdeckte ein ehemaliger Tauchlehrer das Wrack auf Amorgos. Er hatte seine Kindheit in Italien, Griechenland, dem damaligen Jugoslawien an der Küste verbracht. Er wollte Meeresbiologe werden. Aber das hatte ein schlimmer Tauchunfall verhindert. Unwiderruflich.

Manchmal ist nicht vorüber, was vorüber zu sein scheint. Der Mann hatte mit 15, 16 als Schüler seine ersten Romane angefangen: Einen über eine Frau, die allein die Welt rettet – *Das fünfte Element.* Einen über den Wettkampf zweier Taucher. Wer von ihnen beiden ohne Hilfsmittel tiefer tauchen könne: der liebenswert lärmende Enzo oder der still lächelnde Jacques, der mit den Delphinen schwimmt.

Der Mann, der das Wrack der Olympia entdeckte, hieß Luc Besson und war Regisseur. Und der Film heißt *The Big Blue.* Und die Szene, die das Wrack der Olympia unsterblich machte, beginnt mit dem schönen, in der an wunderschönen Worten schwerreichen italienischen Sprache, dem laut laut über die Klippen hinaus gerufenen italienischen Hilferuf „AAiiiuuuuuutooooooo". „Aiuto!" Der Film ist längst Kult geworden bei denen, die das Meer lieben. Ein Film, den man wieder und wieder sehen mag ob der Schönheit seiner Bilder vom Meer. Ob der faszinierenden Geschichte zweier, die dem Meer, dem tiefen, tiefen Blau auf – ja genau: unergründliche Weise verfallen sind. Die nicht wissen, warum das so ist. Und doch jeden Tag in Gedanken dort sind. Auf dem Meer..

Die vergessenen Inseln:
Amorgos. Der lange Weg zum Kloster.
Oder: Das Lächeln des Abtes von Chozoviotissa.

Amorgos. Ich denke oft an Amorgos. Aus dem Meer meiner Erinnerungen an meine fünfmonatige Reise von der Nordadria bis in die Südtürkei ragt diese Insel heraus. Wie ein riesiger Felsen aus dem unglaublich tiefen Blau. Vergessene Inseln habe ich auf meiner Reise viele kennengelernt. Die Tremiti-Inseln. Milos. Ithaki. Aber auch Mallorca im Winter. Und viele, viele andere.

Was ist es, das die Erinnerung an eine Zeit, einen Ort stärker werden lässt als an manchen anderen? Vielleicht ist es das längere Verweilen an einem Ort. Vier, fünf Tage, in denen man nicht einfach nur in einem Hafen, an einem Ort für ein paar Stunden, auf einen Espresso bleibt. Vorübereilt. Sondern fast heimisch wird für einen Moment. Eintaucht. Und sich verbindet. Oder auch nicht. Mit diesem Ort. Mit den Menschen dort. Es braucht Zeit, um sich mit einem Ort zu verbinden. Das ist das eine. Das andere sind Begegnungen, die einen Ort kostbar machen. Gesichter. Ein paar freundlich gewechselte Worte. Ein kurzes Gespräch. Wohlwollen, Wertschätzung, die warm glimmt. Vielleicht ist es dies, was ihm festen Halt gibt, dem Anker der Erinnerung im Meer des Vergessens.

An der Westspitze von Amorgos hatte ich Luc Bessons Wrack der OLYMPIA aus dem Film *The Big Blue* entdeckt. Still rostet und vergeht dort in gottverlassener Bucht, was einst als Komparse in einem Meisterwerk mitspielte. Noch am selben Tag, am späten Vormittag, erreichte ich Katapola, den Hauptort der Insel, die Hafenstadt. Die Erinnerung an Luc Bessons Film, der hier gedreht wurde, ist für die wenigen Rucksack-Reisenden, die mit der Fähre nachmittags um 3 Uhr ankommen, in Blau an die Handvoll Hotel- und Tavernenwände gepinselt. THE BIG BLUE-Hotel. THE BIG BLUE-Taverna. Es ist der Film, der Reisende anzieht. Es sind die Bilder von Enzo und Jacques, die hier als Kinder tauchen. Es ist auch das Bild eines weißen Gemäuers, eines Klosters in steiler Felswand, das im Film auftaucht, als es ums Sterben geht, und das heute die Reisenden anzieht: Chozoviotissa.

Es ist früher Nachmittag, als ich mich in der flirrenden Augusthitze aufmache. Der Bus fährt heute nicht, eigentlich sollte er um 14 Uhr abfahren. Der Himmel weiß, warum nicht. Ich stehe allein am Parkplatz. Na ja, nicht ganz. Sieben andere Reisende, mit Koffern, blicken auch ratlos. Also zu Fuß. Zurück zu LEVJE: Eine Wasserflasche mit einem Bändsel umgeschnallt, ein, zwei Einheimische am staubigen Wegrand nach der richtigen Richtung gefragt. Die deuten hinauf, weit über die Teerstraße hinaus, die in Serpentinen den Berg hinauf läuft. Also los. In Flipflops den steinigen Weg hinauf von der Hafenbucht von Katapola. Vermutlich ist dieser schmale Eselspfad mit den ausgetretenen Steinstufen die älteste Verbindung, die vom Hafen hinauf nach Chora führt, dem Ort, den im hohen Mittelalter die Bewohner von Amorgos an höchster Stelle anlegten. Als Schutz vor den türkischen Freibeutern des Chaireddin Barbarossa – „Korsaren laufen nicht gern" – in einem Jahrhunderte währenden, die Ägäis verheerenden Dauer-Scharmützel zwischen Venezianern und Türken. Der Weg hinauf ist steil, hin und wieder kreuzt er die Teerstraße, an der alle paar Minuten ein Moped vorbeirattert. Oder ein Kleinwagen. Und wo die Windungen gelegentlich ein überladen qualmender LKW hinaufkeucht. Wie auch ich. Der Weg – das Ziel?

Kurz bevor ich Chora auf dem Gipfel erreiche, fährt dann der vollbesetzte Bus zum Kloster an mir vorbei. Vielleicht soll das alles so sein. Wie Darwin über die Tugend des Seemanns sagt: „Die Kunst aus jedem Geschehnis das Beste zu machen ...“ Gelegentlich, gelegentlich gelingt mir auch das. Ich beschließe, daraus eine tägliche Übung zu machen. Und kaum habe ich diesen Beschluss gefasst, hält auch schon knatternd ein Motorrad neben mir. Panagiotis nimmt mich mit. Und während wir von Chora aus die andere Seite des Berges hinunterknattern, zu zweit auf dem winzigem Motorrad, erklärt mir Panagiotis, der aus Athen stammt, welchen Fluch die EU-Troika über sein armes Griechenland gebracht hat, allen voran „La Merkel“. Meine Gegenrede von der hinteren Sitzbank fällt schwach aus. Denn Panagiotis heizt die Serpentinen hinunter, was seine Mühle hergibt, zorniger Grieche auf zornigem griechischen Moped. Und ich, Deutschland, hinten drauf, wie festgeschnallt und festgebunden. Ohne Helm. Ohne alles. Mein Kopf formuliert Schlagzeilen wie „Deutscher Segler von griechischem Mob in Leitplanke geknallt“. Und ich denke an meinen guten Darwin, der bringt mich wieder aufs Gleis: „Die Kunst, aus jedem Geschehnis das Beste zu machen ...“

Panagiotis und sein Moped geben jedenfalls ihr Bestes. Ich gewöhne mich an seinen Fahrstil, leiste nicht mehr Widerstand in den Kurven, lege mich mit rein. „Wenn es hier sein soll, dann eben hier.“ Und dann sind wir da. Das Kloster: ein weißes Lehmnest in der Felskante, irgendwie unerreichbar, von vier, fünf üppigen Bäumen umstanden, wo doch in dem kargen Felsen nichts, aber auch gar nichts wachsen und gedeihen dürfte.

Paradies ist, wenn man etwas Schönes ganz und gar nicht erwartet hat.

Ein gepflasterter, in den Felsen geschlagener Weg führt vom Parkplatz aus, wo ich mich von Panagiotis verabschiede, nach oben. Es dauert noch einmal 20, 30 Minuten, bis ich diese letzten Meter zum Kloster erklimme, vor dem weißen Bau stehe. Da hängen über dem Gartenzaun jede Menge gebrauchter Hemden und Hosen, in die eine Katze aus Langeweile ihre Krallen schlägt. Gedämpftes Gemurmel der Anwesenden, die auf Einlass warten. Weil auch ich in kurzen Hosen hier bin, schnappe ich mir eine der langen Hosen, die die Mönche für Besucher über den Zaun gehängt haben, zusammen mit Tüchern für die Besucherinnen, um Blößen zu bedecken. Die Hose ist viel zu weit.

Und dann öffnet sich Punkt 5 Uhr auch die niedrige Pforte des Klosters, es geht eine unendlich steile Stiege hinauf, einfach in den gewachsenen Felsen an geweißter Felswand entlang. Noch eine. Und noch eine. Und dann stehe ich in dem schmalen Kirchenraum. Von der Decke hängen Kandelaber. Öl-Lichter, die ewig brennen. Heiligenbilder an den Wänden, Gläubige, die ehrfürchtig die Abbilder der Heiligen auf den Mund küssen. Steinplatten. Schmale Fenster, hinunter aufs tief unter uns liegende, heute glatte Meer. Gestühl aus knorrigem Holz für die Mönche, wer hat das nur hier heraufgeschleppt? Und: Stille. Stille im Raum. Stille, die ich im Kirchlein der Festung von Santa Mavra auf Levkas erlebte. Stille, die mich ruhig werden lässt. Wind, der den Vorhang der Altarwand bauscht. Ewigkeit.

Der Abt betritt den Raum, einer der drei hier lebenden Mönche, ein dampfendes Weihrauchfass schwingend. Den wenigen Besuchern liest er die Messe, ein stattlicher Mann, ganz in schwarzer Soutane, nur der braune Lederriemen um den Bauch ist Schmuck, das lange schwarz-graue Haar reinlich nach hinten gekämmt zu einem Zopf. Gestutzt der Bart. In den Augen ein Lächeln. Ein Priester von der „Ich kenne meine-Schäflein ganz genau“-Sorte, handfest. Nichts Menschliches, das ihm fremd wäre. Einer, bei denen mir schlagartig immer klar war, warum ich nicht anders kann, als zu glauben. Einer, der sich an den richtigen Ort im Leben gestellt hat.

Es macht nichts, dass der Abt seine Gebete, die ich nicht verstehe, mit fester Stimme und doch monoton herunterspult. Monoton und statisch jedem einzelnen der Heiligen seine Fürbitte vorträgt. Litanei: Nicht nur die katholische, sondern auch die orthodoxe Kirche, und vor allem die, kennt diese Art des Gebets. Es macht nichts. Es ist irgendwie schön an diesem Ort, hoch über dem Meer. Es macht auch nichts, wenn der Abt hängenbleibt im Text, nicht weiter weiß: Eine Gläubige neben ihm, Griechin, wohl aus dem Ort, aus der Umgebung, aus Amorgos, steht ihm zur Seite. Souffliert ihm gekonnt in diesem Stück, hilft ihm lächelnd, wenn er die Brücke über den Abgrund der fehlenden Worte gerade nicht findet. Teamwork von Mann und Frau im Angesicht Gottes.

Und noch etwas gefällt mir am Abt. „Tritt schnell auf. Mach‘s Maul auf. Hör bald auf." Martin Luther hat dieses Konzentrat an Rhetorik-Know-how seinen Predigern mit auf den Weg gegeben. Nur wenige, die reden, kennen die Regel, oft ist „Lieber lange labern" ihr Grundsatz. Der Abt von Chozoviotissa weiß um die Regel. Kaum dass die Messe begonnen hat, ist sie auch schon vorbei. Ich bleibe noch einen Moment im Kirchenraum, der jetzt leer ist. Leer und still. Ein bisschen Weihrauch in der Luft. Ich bin allein mit dem Wind, der durch die schmale Tür weht. Allein mit den Bildern der Heiligen, die den Raum bevölkern. Jahrhunderte. Flehen. Gnade.

Doch dann wartet Chozoviotissa auf mit einem Highlight: Die Mönche bitten ihre Besucher in ihre gute Stube.

Die Fenster geöffnet, unter den Porträts gewesener Metropoliten und gefallener griechischer Freiheitshelden vergangener Jahrhunderte bewirten die drei Mönche ihre Besucher in der guten Stube. Es ist ein kleiner Raum, wie in einer engen Berghütte. Alles ist penibel sauber und reinlich. Drei einfache Stühle. Zwei Sofas darin. Ein großer Tisch. Der Blick hinunter, hinunter aus der Felswand ins unglaublich tiefe Blau. Sitzen. Ruhig sitzen. Und den Geräuschen lauschen. Dem Wind. Den leisen Stimmen der Besucher. Dem Klappern der Helfer, die den Gästen auftragen: Jeder bekommt ein Glas Wasser. Und ein Glas „Psimeni", „Roasted" Raki. Und süße Loukoumi: dicke honigsüße gelbe Stücke, in Puderzucker gewälzt. Der Abt, der vor dem alten Telefon am schmalen Schreibtisch sitzt. Und freundlich mit den Besuchern spricht, das Lächeln in den Augen. Alles, alles ist, als wäre ich wieder ein kleiner Junge, bei der alten Tante, der Großmutter zu Besuch. Alles ist Wohlwollen. Wohlige Wärme. Ein Geborgensein in der Wertschätzung, welche die drei Mönche ihren Gästen zuteil werden lassen in Einfachheit. Es könnte einfach sein, in der Welt.

Epilog: Der Wind wird im Winter blasen über Amorgos. Mit 10, 11 Windstärken. Amorgos ist ein rauer Ort. Ich denke an den Abt. An die drei Mönche. Wie es Ihnen wohl ergehen mag, in ihrer Felswand? Bei so einem Wetter? Wenn im Winter ein 7, 8 Grad kalter Orkan mit 10 bis 11 Windstärken über die Insel wie mit einer eiskalten Drahtbürste schrubbt? Und die engen, zugigen Steingänge des Gemäuers herunterkühlt auf Kühlschranktemperatur? Ich denke an sie. Und an Amorgos.

Die vergessenen Inseln: Levitha.

Wer sich von Amorgos, der letzten großen Kykladeninsel, ostwärts wendet, der findet erstmal: Einsamkeit. Vor Kos ist man mit sich, seinem Schiff zwischen Seevögeln und Wellen fast allein, es gibt kein Handynetz, dafür nur noch zwei fast unbewohnte Inseln: Kynaros, ein riesiger, sonnenheißer Steinklotz mitten im Meer. Und Levitha. Fast unbewohnt, denn auf Kynaros, so heißt es, lebt zeitweise ein Schäfer.

Und hier auf Levitha wohnt ganzjährig eine Familie, die von Landwirtschaft und Fischfang lebt und für die Segler eine kleine, aber empfehlenswerte Taverne betreibt. Sonst ist man allein. Und teilt die Ankerbucht nur mit den wenigen Fahrtenseglern, die ebenfalls unterwegs sind auf der mehr als 5.000 Jahre alten Route von Kleinasien nach Westen.

Das Meer: Es ist der Ort, den Gott sich schuf, wenn er mit sich allein sein wollte.

TEIL V.
TÜRKEI. UND
KEIN ENDE.

GREECE
Istanbul
Adapazarı
Bursa
Ankara
Eskişehir
İzmir
TURKEY
Konya
Denizli
Antalya
Kos
Symi
Fethiye
Finike
Rhodos
CYP.

Die Route.

Von Kos nach Turgutreis
Bozzukale
Bozburun
Bayir
Fethiye
Gemiler Reede
Finike
Marmaris
Tahtali Dag
Phaselis
Antalya

Das Überschreiten der Grenze: Von Kos nach Turgutreis. Von Griechenland in die Türkei. Oder: Von Europa nach Asien.

Ganz im Nordosten der griechischen Insel Kos ist die Türkei nur noch ein paar Kilometer von Europa entfernt. Zumindest geografisch. Dort verläuft eine Grenze. Und sie ist eine Grenze für vielerlei. Die imaginäre Linie trennt Griechenland von der Türkei. Und Europa von Asien. Und Christentum von Islam. Und türkische Bootsbesitzer von griechischen Bootsbesitzern. Denn auf der griechischen Seite trifft man kaum Schiffe unter türkischer Flagge. Und umgekehrt ist mir in der Türkei noch keine Yacht unter griechischer Flagge begegnet. Die Grenze, die imaginäre Linie, ist gewaltig. Sie trennt unglaublich viel.

Sie trennt auch die zwei Völkerwanderungen, mit denen wir seit einer Generation leben: Die eine Völkerwanderung im Sommer, aus dem verregneten Nordeuropa in den Süden an die Strände des Mittelmeers. Die andere aus dem kriegsgeschüttelten Nahen Osten oder aus den zerrütteten Ländern Afrikas nach Europa. An der imaginären Linie, an der ich mich heute befinde, ist dies alles spürbar. Die Türkei ist einer der Hauptzufluchtsorte für Flüchtlinge aus dem syrischen Bürgerkrieg. Von 21 Millionen syrischen Einwohnern sind fast 5 Millionen geflohen. Fast die Hälfte davon über die nördliche Grenze in die angrenzende Türkei.

Von Levitha war ich in einem langen Schlag nach Osten gesegelt, zur Insel Kalymnos. Hatte immer wieder Ausschau gehalten, ob sich am Horizont nicht schon die Türkei zeigt. „Wer sieht als Erster Land?“ Aber sie ließ sich Zeit, die Türkei. Am Abend erreichte ich Kalymnos, die Sonne stand schon tief hinter LEVJE, es war die Sunde, in der das Meer übergeht in tiefes dunkles Blau und glänzendes Gold. Viel Zeit war nicht mehr, wollte ich noch im Hellen einen guten Ankerplatz finden.

Der Wind schlief langsam ein. Wie so oft am Abend die Überlegung: Gehe ich hierhin, gehe ich dahin, um auf LEVJE die Nacht vor Anker zu verbringen? Ich entschied mich für eine Bucht ganz im Südwesten von Kalymnos, einsam, kein Mensch weit und breit, nur ein Haus, verlassen, ganz oben auf den Berghängen und ein einziger großer Olivenbaum mitten auf dem sandigen Strand, an dem die Wellen lang ausrauschten.

Am frühen Morgen dann auf nach Kos. Kein langer Schlag. Aber ich wusste, ich hatte heute zeitraubendes Ein- und Ausklarieren vor mir. Ausklarieren: Das bedeutet, die von jedem Land vorgeschriebenen behördlichen Prozeduren über sich ergehen lassen, die jedes Land an jeder Küste dieser Welt vorschreibt, für jedes Schiff, ob groß, ob klein, das seine Küste verlässt oder dort zum ersten Mal anlegt. Und wie jedes Schiff muss sich auch LEVJE dieser Prozedur unterziehen.

Als Ausklarierungshafen hatte ich mir das griechische Kos ausgesucht. Insel und Stadt liegen gegenüber vom türkischen Bodrum. Die türkische Küste, ihre buckligen Hügelketten, gleich war sie in Sicht, als ich mit LEVJE aus meiner Ankerbucht hervorgekrochen kam und in die aufgehende Sonne blickte.

Ausklarieren: Das bedeutet auch Zeitdruck in der langen Reihe meiner Tage auf dem Meer. Jedes Mal ist die Prozedur anders: Mal kann alles von einem Beamten an einem Ort erledigt werden. Mal braucht man Hafenmeister und Port Police, ganz sicher kommt diesmal auch noch die Grenzpolizei dazu und vielleicht noch der Zoll: also mindestens vier Stationen, die ich eine nach der anderen abklappern muss, und wieder einmal ist es eine Reise ins Ungewisse, denn nie weiß man vorher, wie das Prozedere in welcher Reihenfolge läuft, wer gerade welche Öffnungszeiten hat und wo man vielleicht gerade eine längere Schlange vor sich hat – ein Kreuzfahrtschiff mit 500 Passagieren vielleicht oder fünf Segler, ohne Unterschied kann mich beides zwei Stunden Wartezeit kosten. Odysseen gibt es auch an Land.

Als ich in den Hafen von Kos einlaufe, suche ich erst mal nach der Transitpier, ein Ort, an dem man eben nur zum Ein- und Ausklarieren anlegt, statt aufwendig im Hafen festzumachen. Die Transitpier, die finde ich aber nicht in Kos, es gibt zwar eine, aber die ist den Fähren von und ins türkische Bodrum vorbehalten. Als ich anlegen will, werde ich sofort verscheucht. Also suche ich mir gleich daneben einen Platz für LEVJE. Dicke gelbe Striche auf der Mole signalisieren mir, dass es hier verboten ist; egal, es ist unmittelbar neben dem Gebäude, in dem in meiner Seekarte alle Behörden vermerkt sind. Unter den abwehrenden Einwänden eines Marina-Bediensteten lege ich dort an, ein Platz für LEVJE, wo ich sein will, aber nicht sein darf. Der Mann in Uniform lässt sich weichklopfen. Manchmal ist es gut, als Kapitän aufzutreten, denn ein Schiffsführer bin auch ich, verantwortlich für mein Schiff und alle, die darauf sind. Es hat mir schon manchmal geholfen, vor allem in Griechenland, meinen Status in Erinnerung zu rufen.

Ich lasse LEVJE also gut vertäut an der Mole zurück und stapfe davon, nicht ohne das Versprechen an meinen neuen Freund, binnen einer Stunde alles erledigt zu haben und wieder fort zu sein, und beginne, meine Skippertasche unter dem Arm, meine Reise auf dem Meer der Bürokratie.

Tatsächlich ist in dem Gebäude ein Teil der notwendigen Behörden untergebracht. Ich wackle also zuerst zum Hafenmeister. Hole mir einen Stempel. Vom Hafenmeister zum Zoll. Vom Zoll zur Grenzpolizei. Dort erfahre ich, dass ich jetzt noch zur Port Police muss. Und die liegt mitten im Ort, genau auf der anderen Seite des Hafens. Also wandere ich von der Grenzpolizei quer durch den Ort Kos durch ferienfrohes, pinkfarbenes Fastfood-Flipflop-Gewimmel zur Port Police. Vorbei an Trauben von All-Inclusive-Urlaubern, die ihre hellblauen und pinkfarbenen Armbändchen als Zeichen ihrer neuen Würde tragen, durch Reisegruppen, die hinter Führern herlaufen, durch Wände und Wogen billiger Strandmatten, Flipflops, Badelatschen, Strandtücher, vorbei an Hunderten Tischen mit Café, Frappé, Gyros, Bergen von Pommes, beschlagenen großen Gläsern mit eiswürfelklirrendem Cola Zero und Cranberrysaft. Mit schnellem Schritt eile ich durch die langsam wogende Menge auf dem Bürgersteig. Schließlich will ich meinen Freund ja nicht enttäuschen. Wenn ich mein Wort gegeben habe, innerhalb einer Stunde alles erledigt zu haben, will ich es auch halten.

Nach einigem Suchen erreiche ich das Gebäude der Port Police. Dort wuselt es wie in einem Bienenstock. Schon am Eingang werde ich abgefangen von einem Wachmann, er weist mir den Weg. Als ich das Treppenhaus betrete, sind dort rauf und runter Wolldecken ausgebreitet: Auf den Treppenstufen, den Mauervorsprüngen in den Fluren liegen Männer in T-Shirts und kurzen Hosen auf dem Boden. 15 syrische Flüchtlinge, alles Männer, die eben beim illegalen Grenzübertritt auf einem Boot geschnappt wurden. Junge Männer allesamt, nicht älter als Anfang 30. Sie haben kein Gepäck bei sich, nur das Wenige, was sie am Leib tragen. Ein weißes T-Shirt, karierte knielange Shorts. Sie liegen am Boden. Junge, kluge Gesichter. Gesichter wie die, die mir draußen begegneten. Nur dass die Gesichter hier im Treppenhaus Erschöpfung ausdrücken. Müdigkeit. Ein Blick ins Leere, Augen, die zufallen, Blicke, die nur gerichtet sind aufs Allernächste, auf Wasser, Essen, Trinken, vor allem: Schlaf. Auf den Gesichtern Kapitulation, Resignation, Sorge. Weniger um sich als vielmehr „Ich mach' mir Sorgen um die daheim". Wer weiß, was sie durchgemacht haben auf ihrer langen Flucht über die Grenze des Landes im Bürgerkrieg, quer durch die Türkei, wer weiß, auf welchen Wegen, hierher an die Küste Europas. Wo sie geschnappt wurden von der griechischen Küstenwache auf einem überladenen Boot. Und wo ihre Flucht zunächst endete.

Polizisten in Schwarz führen zwei Männer in Handschellen die Treppe zwischen den Liegenden hinunter. Im Gegensatz zu den anderen sind ihre Gesichter undurchdringlich und gar nicht resigniert. Vermutlich die Schlepper, sie wurden geschnappt mit ihrer Fracht, auch sie junge Männer, es hat halt diesmal nicht geklappt, das kurze Stück, die wenigen Kilometer von der türkischen Küste herüber, wahrscheinlich in der Nacht, um die Dunkelheit zu nutzen.

„So geht das fast jeden Tag hier, sie kommen jeden Tag", sagt Katerini, die mit mir auf der Port Police zwei Stunden wartet, weil sie Touristen-Ausflugsboote jeden Tag ein- und ausklariert. „Jeden Tag. Mal sind es mehr, mal sind es weniger." Was mit ihnen passiert, frage ich. Katerini zuckt mit den Schultern. Wahrscheinlich werden sie nach Athen verfrachtet. Und dann? Katerini weiß es nicht.

Kos sei voller Urlauber, jetzt im August, sagt Katerini, und das sei gut so. Der Tourismus liefe. Aber es sei überwiegend „All inclusive"-Tourismus. „Die Leute bleiben in ihren „All inclusive"-Hotels, gehen kaum raus, außer für die geplanten Ausflüge", meint sie, die seit vielen Jahren im Tourismus arbeitet, wie viele hier auf Kos. Für anderes wird nur mehr wenig ausgegeben. Nur Essen und Trinken: Das würde hier gut funktionieren. Es wäre schon schwierig, von ihrem Job mit 750 Euro Gehalt sich und die zwei schulpflichtigen

Kinder hier auf Kos durchzubringen. Haus, zwei Kinder, alleinerziehend. Aber es geht schon.

Kaum dass mich der Beamte der Port Police mindestens in sieben Papiere eingetragen, dieselben eingerollt und in große, große Papierstapel versenkt hat, spurte ich zurück zu LEVJE. Nachdenklich. Aber kein Blick mehr übrig für Fastfood, Flipflops, Feriengetümmel. Mein Freund von der Marina nickt, als ich mit meiner Aktenmappe bei LEVJE aufkreuze. „Ich kenne euch Deutsche“, sagen der Blick und das Nicken, „ihr haltet Wort“. Auch das ist das Bild der Deutschen im Ausland. Ich starte den Motor, werfe die Leinen los, steuere nach draußen. Und verlasse Europa.

Nach Turgutreis, dem Gegenüber auf der türkischen Seite, sind es trotz Meltemi, der pünktlich um 3 Uhr auffrischt und mich zum Kreuzen zwingt, nur ein paar Kilometer. Trotzdem brauche ich für das kurze Stück länger, als ich dachte. Der Meltemi kommt genau zwischen den Inseln durch, genau aus der Richtung, in die ich eigentlich will. Also: Segel setzen. Aufkreuzen.

Aufkreuzen: Kann man ein Ziel unter Segeln nicht direkt ansteuern, weil es in der Richtung liegt, aus der der Wind kommt, nähert man sich ihm in einem Zickzack-Kurs, bei dem der Wind mal von der einen, mal von der anderen Seite kommt. Kaum sind die Segel oben, spurtet LEVJE los. Und kaum dass sie losspurtet, legt sie sich auch schon mächtig auf die Seite. Ich habe zu viel Segelfläche oben, eigentlich sollte ich reffen, aber ich bin zu faul. Also liegt LEVJE auf der Backe, die Fender hab ich wegen des kurzen Stücks auch nicht ordentlich gestaut, sondern nur innenbords geholt.

Aber weil wir jetzt sehr schräg segeln, sind drei von ihnen nach außenbords gekullert, LEVJE schleift sie durchs schäumende Wasser außenbords mit. Faulheit rächt sich echt.

Ich habe keine Hand frei, bin eingespreizt gegen die Steuerbord-Bank im Cockpit, wir segeln so schräg, dass ich auf der Backbordseite sitzend fast stehe, in der einen Hand die Pinne. In der anderen die Großschot, um gleich aufzufieren, wenn der Meltemi in Böen das Boot noch stärker zur Seite drückt. Um den rechten Fuß habe ich mir die Fockschot gelegt, falls es mal ganz hart kommen sollte und das Boot so schräg liegt, dass ich nicht mehr rankomme, um auch die Genua aufzufieren und LEVJE dadurch wieder etwas aufzurichten.

Es ist ein irres Segeln im Niemandsland zwischen Europa und Asien, die Fender schleifen im Wasser hinterher, ich schaue aber nur auf mein Vorsegel, beobachte es, belauere es. Sobald sich die ersten Knitter im Vorsegel zeigen, unten, falle ich ab, damit der Wind wieder richtig im Segel steht. Sobald die Telltales, die roten Baumwollfäden, die ich im Segel angebracht habe, nicht mehr waagerecht auswehen, gehe ich höher ran. So segeln ist wie eine Meditation: Nur noch voll konzentriert sein auf das Segel, auf jede kleine Falte, jede kleine Abweichung sofort reagieren, die Welt versinkt um mich im Rauschen an LEVJEs Bordwand, in das ich von der anderen Seite hinunterschaue.

Die Fahrt ist schnell auf diesem Bug. Aber von der direkten Richtung nach Turgutreis kommen wir weit ab, sind viel zu weit östlich. Also steuere ich LEVJE auf diesem Kurs noch weiter unter Land, ein Badestrand genau voraus, ich halte genau darauf zu, möchte ganz nah, genau auf der 10-Meter-Linie eine Wende fahren, ich sehe die Badenden unter ihren Sonnenschirmen hier ist Asien.

Näher gehen wir an den Strand, noch näher, ich schaue jetzt nur noch auf mein Vorsegel und den Tiefenmesser, 20 Meter, 15 Meter, 10 Meter: „Klar zur Wende!“ Ich lege Ruder nach Backbord. LEVJE pariert sofort, bei diesem Wetter ist sie wie eine Jolle auf dem See, gebaut für den Segelspaß. Knallend kommt das Vorsegel herüber auf die andere Seite, als ich die Fockschot loswerfe, in ein und demselben Moment auf die andere Seite gehe, die Pinne geradestelle, die Schot loswerfe, den Kopf einziehe, weil der Baum ebenfalls rüberkommt, die lose Genuaschot fasse und so schnell wie möglich dichthole. Na ja, das hat auch schon besser geklappt.

Der Wind kommt jetzt nicht mehr von Backbord, sondern von Steuerbord, ich falle noch etwas ab, um Schwung zu holen, gehe wieder höher ran, um die Genua zu trimmen, dann brauche ich keine Winschkurbel, so machten sie das früher auch. Das Vorsegel steht gut, LEVJE nimmt wieder Fahrt auf. Und knallt in die Welle, die sie sofort aufstoppt. Blöd, blöd, blöd. Die Wellen kommen nicht genau aus der Windrichtung, sondern hier etwas westlicher, wir haben zwar die Segel voller Wind, aber die Welle hier am Kap genau gegen uns. Ein ums andere Mal knallt LEVJEs Bug in die Wellen, sie hauen die Fahrt aus dem Schiff, so geht das nicht, ich muss weiter abfallen. Also etwas südlicher gesteuert, wir müssen jetzt erst mal ums Kap herum, aber es kostet einfach Zeit. Eigentlich wollte ich ja spätestens um 5 Uhr in Turgutreis sein, das lästige Einklarieren heute noch beginnen und morgen frei sein, um zu tun, was ich will. Aber auf dem Kurs wird das nix.

Ich steuere jetzt wieder Richtung Griechenland, irgendwo Richtung Kalymnos und Pserimos, von wo ich herkam. Ein ums andere Mal bremsen die Wellen LEVJE aus. Aber irgendwann haben wir es geschafft. Genug Abstand zur türkischen Küste, wir fahren eine Wende.

Zum ersten Mal habe ich nun Turgutreis vor mir. Und hier ist alles anders als vorher in Kos: Die Hänge unter der türkischen Flagge sind mit Ferienhäusern zugepflastert.

Als ich mit LEVJE langsam in den Hafen hineinfahre, strotzt der vor imposanten Motoryachten.

Und hier sind sie wieder, die Range Rover Evoques und die BMW X5 und die Jaguare. Es geht gut in der Türkei, hier läuft's offensichtlich – zumindest in Turgutreis. Und während mich in Griechenland noch jedermann mit „Kaptan" anredete, ich aber mein Boot eigenhändig beim Anlegen vertäuen musste, werde ich hier in der Marina mit „Sir" angesprochen. Und kaum dass ich mit LEVJE rückwärts in der Box bin, kümmern sich drei Mann um das Belegen der schlammigen Mooring vorne auf LEVJE, vom Schlauchboot aus. Und hinten stehen wieder zwei Mann Personal, die sich um die Achterleinen kümmern. Es gibt, wie gesagt, diese Grenze, da draußen ... Und während ich in meiner Koje im Dunkel liegend noch über diese imaginäre Linie, Grenze genannt, sinniere, erinnert mich der Muezzin mit seinem allnächtlichen Ruf in der Dunkelheit daran, dass Gott groß ist. Und singt mich mit seinem eineinhalb Jahrtausende alten Gebet in den Schlaf.

Menschen am Meer:
Heute Morgen beim Bäcker in der Bucht von Bozzukale.

Jeden Morgen, so gegen 7 Uhr, heizt Süle in der Bucht von Bozzukale, dort, wo in der Antike die Stadt Loryma lag, den großen Steinofen an. Und backt Brot für die Yachties, die in der Bucht ankern. Der Ofen ist aus einfachen Bruchsteinen gemauert, man sieht ihn rechts im Hintergrund. Süle schichtet dürres Reisig und wenige trockene Kiefernäste in die Ofenöffnung und zündet das Holz an. Der Ofen hat keinen Kamin, der Rauch wogt und wabert und haucht im Wind durch die Ofenöffnung, bis die Innenwände heiß sind.

Das dauert nicht lange. Vor dem Ofen warten in feuchte Tücher eingeschlagene Teigfladen, die Süle in die Öffnung schiebt. Davor kommt dann ein Blech, das aussieht, als wäre es von einem alten Ölfass übrig geblieben. Süle klemmt es einfach mit dem Brotschieber fest. Und wiederum keine Viertelstunde, dann sind die Brote fertig. Ihr Duft ist unbeschreiblich. Und wie viel muss man für das Vergnügen ausgeben, eines von Süles Broten zu probieren? Ein Brot kostet bei Süle 5 Türkische Lira, umgerechnet 1,35 Euro.

Für türkische Verhältnisse ist das nicht wenig – ein Brot kostet im Durchschnitt 1 Türkische Lira, umgerechnet etwa

27 Cent (!). Ein Brot, nicht ein Brötchen! Aber in die Bucht von Bozukkale führt keine Straße, es gibt keinen Strom und Wasser nur aus dem Brunnen.

Alles muss mit Booten auf dem Seeweg mühsam herangeschafft werden. Und der Umgang mit den Yachties, die einfach ganz andere Preise für Brot gewohnt sind als 27 Cent, tut ein Übriges. Also sind 5 Türkische Lira ein ausgesprochen fairer Preis für die Brote, die Süle jeden Morgen heiß verkauft.

Wann hat man eigentlich genug vom Türkis des Meeres?

Gestern fragte mich Katrin: „Und wie geht's dir nach vier Monaten auf dem Meer: Ist dir das Blau nicht manchmal zu viel? Keine Sehnsucht nach Wäldern, nach Kühle, nach schneebedeckten Bergen?“

Ich muss nicht lange nachdenken. Nein. Es gab keinen Moment, wo mir das Meer über gewesen wäre. Selbst in den letzten zehn Tagen, in denen ich mich mit Fieber und einer Virusgrippe herumschlug und alles andere als fit war: Das Blau des Meeres behält seine Faszination. Und selbst jetzt, wo die Tage in der Türkei kürzer werden – die Sonne geht gegen 07:30 Uhr auf und gegen 19 Uhr hinter den Bergen unter –, gibt es Stellen, wo das Meer noch ein klein wenig mehr türkis ist als anderswo. Und das sanfte Rauschen ein klein wenig sanfter. Und das leise Wiegen des Schiffes noch ein klein wenig intensiver.

Menschen am Meer: Bei den Honigsammlern von Bayir.

Wer sich auf der Loryma-Halbinsel in der Bucht Ciftlik, etwa eine halbe Autostunde südwestlich von Marmaris, in einen Dolmus, einen Kleinbus, setzt, der erreicht nach einer Viertelstunde rumpelnder Fahrt immer bergan in luftiger Höhe den kleinen Ort Bayir.

Bayir hat eigentlich nicht viel, was zu sehen sich lohnt. Drei, vier Geschäfte mit bunten Tüchern. Ein netter Trödelladen mit Kräutern, Nüssen und Honig. Den Dorfbrunnen, an dem die Einwohner von Bayir ihr Wasser holen, weil es Leitungen nicht gibt. Eine Moschee mitten im Ort. Die berühmte Platane gleich daneben, deretwegen viele Reisende hierherkommen. Denn die klugen Einwohner von Bayir haben vor einiger Zeit die Geschichte in die Welt gesetzt: Wer den 8 Meter umfassenden Stamm der Platane umrundet, den erwarte ein langes und glückliches Leben. Also umrunden auch wir den Stamm, tunlichst im Uhrzeigersinn, denn Aberglaube ist Seemanns Zier.

Vermutlich wundert sich die gewaltige Platane längst nicht mehr über den Unfug, den die Menschen da zu ihren Füßen treiben. Sie ist 1990 Jahre alt, ihr Schößling keimte, als Jesus noch lebte, und es ist anzunehmen, dass sie in den fast zwei Jahrtausenden ihres Daseins weit gröberen Unsinn miterleben musste als Menschlein, die im Kreis rumrennen.

Unter den ausladenden Ästen der Platane hat Mustafa seinen Stand mit Honig aufgebaut. Zwei mannshohe Wände mit großen Honiggläsern, deren Inhalt im Licht der untergehenden Oktobersonne lichtet und leuchtet wie ein Glasperlenspiel aus tausenderlei Gold- und Bernsteinfarben. Ein Kirchenfenster im Sonnenlicht, nur aus klingenden Goldtönen. Ich kann nicht anders und muss den hellsten, den goldensten Farbton kosten. Orangenhonig – göttlich. Danach löffeln wir uns in die immer dunkleren Farben: Blütenhonig – ahhhh. Pinienhonig – mmmhhh. Thymianhonig – herrje. Kastanienhonig – wie der wohl mit ein bisschen Pecorino schmeckt? Danach fange ich wieder beim Orangenhonig an. Und löffle hier. Und löffle da. Und die Platane wundert sich.

Als es dann mit der Löffelei endlich ein Ende hat, bin ich stolzer Besitzer je eines großen Glases Orangenhonig, Pinienhonig, Thymianhonig. Drei Kilo Honig. Natürlich hab ich zu viel bezahlt. Wenn‘s ums Essen geht, bin ich einfach nur der Sohn meines Vaters, dem Fest der Sinne willenlos erliegend. Mustafa erzählt, dass er und sein Bruder insgesamt 750 der blauen Bienenkisten, die wir auf der Fahrt überall sehen, besitzen. In jeder wohnt ein Bienenvolk. Und produziert munter vor sich hin: Wenn ich Mustafa richtig verstehe, produzieren etwa 250 der Kästen Pinienhonig. Aus jedem Kasten kommen 25 kg pro Jahr. Das macht über 6 Tonnen. Etwa 100 Bienenvölker produzieren Orangenhonig. Der ist selten und kostbar. Denn jedes Volk liefert nur etwa 8 Kilogramm. Und so fort.

Als der Dolmus dann in der Dunkelheit wieder den Berg hinunterrumpelt, vorbei an blauen Bienenkästen und überwucherten mohammedanischen Friedhöfen, deren schlanke Grabsteine schnell wieder ins Dunkel huschen, bin ich mit der Welt zufrieden. Nicht überall scheinen die Bienen wie bei uns auszusterben. Noch produzieren sie, so wie auf der Loryma- und der Datca-Halbinsel. Aber es ist ein fragiles Dasein, das die Bienen fristen. Und eins, das in Gefahr ist.

Der Segler und sein Klo: Oder: Warum die Türkei die Nase vorn hat.

Unter den vielen Gedenktagen, mit denen – wer auch immer – uns tagtäglich überschwemmt, ragt der 19. November einsam heraus. An diesem Tag wird – wiewohl unter kaum vernehmlichem medialen Echo – der Welt-Toilettentag begangen, jawohl, so heißt der ganz offiziell. Und er bietet uns Anlass, mal ein Streiflicht auf ein täglich drängendes Thema zu werfen: den Segler und sein Klo.

Betrachtet man das Verhältnis des Seglers zu seinem Klo aus historischem Blickwinkel, dann war, wie meistens, früher alles besser. Früher hing man halt einfach den Hintern über die Bordwand. Und schon war das kleine oder große Geschäft erledigt. Sind Männer unter sich, geht das gut. Man sieht das sehr schön in einer kleinen Sequenz des immer wieder sehenswerten Films *Master and Commander*: Eine Teerjacke hockt im dichten Schneefall mit heruntergelassenen Hosen vorne im Bugkorb. So war das damals.

Problematischer war es mehr als 2000 Jahre zuvor auf Galeeren: Die angeketteten Rudersklaven konnten ja nicht einfach wie im Klassenzimmer den Finger heben und sagen: „Ich muss mal!" Das Geschäft wurde an Ort und Stelle erledigt, egal, wer drüber saß. Oder drunter. Gelebt, geschissen, gestorben wurde, wo man hockte. Schaurig. Schaurig vor allem auch für andere, wenn das Schiff tagelang im Hafen lag. Und in seiner eigenen Brühe von 300 Ruderern schwamm. Von venezianischen Galeerenkapitänen – die Venezianer hielten aus nicht nachvollziehbaren Gründen am längsten an diesem Schiffstyp fest – wird gesagt, dass sie immer mit Spazierstock unterwegs waren. Nicht weil sie fußkrank waren. Sondern weil im Knauf des Stocks geruchsintensiver Salmiak versteckt war. Stank es mal wieder auf dem Schiff zum Himmel, schnüffelte der Kapitän einfach am Salmiak.

Auf der im Hamburger Hafen liegenden RICKMER RICKMERS ist die Sache um die Jahrhundertwende fortschrittlicher geregelt. Da gibt's im Bug, gleich neben dem Kabelgatt, dem Lagerraum für Ersatzteile, ein veritables Plumpsklo. Man setzt sich drauf und eine zugige Regenrinne leitet alles nach draußen. Wie auf einer Almhütte. Das war Fortschritt. Im Film *Das Boot* wird in einer kleinen Szene der Kriegsberichter, gespielt von Herbert Grönemeyer – das waren noch Filme! – mit den sanitären Einrichtungen des U-Boots Typ VIIC vertraut gemacht. Zwei Toiletten. Für 50 Mann Besatzung. Die eine hängt voll mit Schinken, Würsten, Salami. Was der Bootsmann im Film mit launiger Schnauze kommentiert: „Mehr zum Fressen und weniger Platz zum Scheißen – des is‘ aa a Logik!"

Jedenfalls blieb das mit dem „einfach nach draußen leiten" lange Jahre letzter Schrei der Technik. Eigentlich bis in unsere Zeit. Ich erinnere mich an meinen ersten Segeltörn in der südlichen Türkei, Ende der Neunzigerjahre. Da lagen wir, drei Segelyachten, friedlich in der Gemiler Reede. Drei Segelyachten in einer Bucht mit je vier bis fünf Menschen: kein Problem. Man informierte seine Mitsegler an Bord mit dem dezenten Hinweis, doch die nächsten zehn Minuten nicht ins Wasser zu gehen. Und das drängende Problem war gelöst. Die Ringelbrassen, die immer unter den Booten stehen und seit Jahrtausenden auf das warten, was von oben runterfällt, die wir deshalb „Kackbrassen" tauften, sie erledigten zuverlässig „den Rest".

Die Probleme begannen, als der Wohlstand in die Bucht kam. Genauer gesagt: Die Gülets mit den ferienfrohen Urlaubern aus Marmaris, aus Fethiye, aus Kas. Kam so ein Gület mit 60, 70 Oberkörper-geölten Urlaubern in die Bucht und legte sich neben uns, dann konnte man für den Rest des Tages das Schwimmen in der Bucht vergessen. So viele „Kackbrassen" konnte es in der Bucht gar nicht geben. Es war zu viel für sie. Es war zu viel für uns.

Die Türkei hat dann aber noch Ende der Neunzigerjahre Schritte eingeleitet und erkannt, dass das Problem weniger die ferienfrohen Urlauber, sondern die eigenen Gülets waren. Und hat sich Ende der Neunzigerjahre die strengsten Umweltregeln zum Schutz der eigenen Gewässer verpasst, die ich kenne: Das Einleiten von Fäkalien in Gewässer ist streng verboten. Und wird besonders im Hafen mit sehr hohen Geldstrafen belegt.

Jeder, der dort segelt, hat einen Fäkalientank an Bord. Wenn nicht: Geldstrafe. Jeder, der dort segelt, hat eine blaue MAVI-Card. Die kostet 25 Euro. Und auf dem Computerchip wird penibel kontrolliert, wann man zum letzten Mal ordentlich im Hafen abgepumpt hat. Hat man keine Blaue Card: Geldstrafe.

Zugegeben: drastisch. Und streng. Gelegentlich drakonisch. Es hat aber den unbestreitbaren Vorteil, dass man in der Türkei selbst in vollen Ankerbuchten sorglos zwischen den Schiffen herumschwimmen kann. Das Wasser ist kristallklar. Man muss als Skipper seine Crew in einer Bucht voll ankernder Yachten morgens nach dem Aufstehen nicht mehr warnen: „Es ist halb neun. Ich würd' jetzt nicht ins Wasser gehen ..."

Und weil mir trotz aller Gängelei die Vorteile einleuchteten, habe ich mir auf LEVJE gleich zu Beginn meiner Zeit in der Türkei einen Fäkalientank einbauen lassen. Wie schon öfter, haben mich die Türken beeindruckt. Das da oben sind Dennis und Muhsin. Muhsin war lange, lange Jahre Techniker bei einem Vercharterer, er hat sich Anfang September als Bootstechniker mit Dennis selbstständig gemacht. Als ich ihn wegen eines ersten Besichtigungstermins auf LEVJE anrief, war er sofort zur Stelle. Schaute sich LEVJE gründlich an. Sagte mir, wie er den Tank einbauen würde. Und wo.

Zehn Minuten später stand ein Tankbauer auf der Pier. Vermaß den von Muhsin angegebenen Platz im Schrank. Und baute mir innerhalb eines Tages einen eigens für mich angefertigten Tank aus 10 Millimeter starken Kunststoffplatten.

Der sieht aus wie ein schwarzer Tresor. Als ich etwas nörgelig auf Edelstahl bestehen wollte, warnte mich Muhsin vor undichten Nähten. Bei mir traf er damit ins Schwarze, denn ich habe zweimal undichte Edelstahltanks erlebt.

Jetzt thront der Fäkalientank passgenau in LEVJEs Schrank. Es war innerhalb eines Tages erledigt. Es war weit günstiger als das Angebot eines deutschen Anbieters nur für das Material. Es war schrecklich, zu sehen, wie Muhsin zwei Löcher durch LEVJEs Bordwand bohren musste. Eins für die Lüftung. Eins für die Absaugung. Und wenn jetzt Welt-Toilettentag ist, der uns daran erinnern soll, dass die Trennung von Fäkalien und sauberem Wasser keineswegs überall Standard ist, dann denke ich mir dreierlei:

Wie fortschrittlich doch die Türkei ist. Mit wie viel Energie dort in nur zehn Jahren eine Infrastruktur zur effizienten Reinhaltung der Küstengewässer aufgebaut wurde. Wie bräsig auch bei diesem Thema die EU-Länder mal wieder sind. Denn dort gilt überall noch „Von drinnen nach draußen“. Wie schön es ist, morgens ohne Bedenken in jeder Bucht ins Wasser steigen zu können. Eigentlich schon ganz gut. So ein Welt-Toilettentag.

Menschen am Meer:
Canan, 17.

Am nächsten Tag ist alles vorüber. Die Sonne schickt ihr Licht durch dunstige Luftschichten, es hat abgekühlt. Am Nachmittag ist es Zeit. Zeit, um PEANUTS, das kleine Dingi, klarzumachen, zum Strand hinüberzurudern und am langen Sandstrand von Ekincik meinen langen Abendspaziergang zu machen.

Am Strand treffe ich Canan. Canan (wie immer im Türkischen wird das „C" wie „Dsch" gesprochen) ist 17, ein fröhlicher Teenager, der mich anspricht, während ich PEANUTS in den rauschenden Wellen, die den Strand hinauflaufen, durch den Sand nach draußen ziehe. Sie plappert so munter darauf los, dass ich zunächst denke, sie sei die Tochter des hiesigen Tavernenwirts, die mich in ein Gespräch verwickelt. Und unser Gespräch würde unweigerlich nach zwei Minuten ins Überreichen der Speisekarte münden.

Tut es aber nicht. Canan hat das Wochenende mit ihrer Familie hier am Strand verbracht. Sie liebt es einfach, Englisch zu sprechen. Und da ich gerade als Einziger am Strand stehe, mein Dingi in der Hand, und so aussehe, als spräche ich wohl Englisch: Voilà. Canan hat noch alles vor sich. Sie wächst in einer muslimischen Familie auf und noch geht sie zur Schule. Die macht ihr Kummer, da läuft es gerade nicht so gut. Aber sie träumt davon, gut Englisch zu können. Um dann vielleicht sogar einmal in den Ferien nach England zu gehen, um dort richtig Englisch zu lernen. Aber Canan weiß nicht, ob ihre Eltern ihr das erlauben würden.

Als Canans Mutter, tief verschleiert, ihr aus der Ferne winkt, wünsche ich ihr: dass sie das schafft. Und ihren Traum von England wahr machen kann.

Und während der Muezzin ruft und ich nach unserem dreiminütigen Gespräch wieder allein in der Abenddämmerung am Feuer sitze und zusammen mit den hiesigen Katzen nachdenklich in die Flammen und in die Bucht von Ekincik schaue, fällt mir ein, was mir Eda, Unternehmensberaterin aus Istanbul, über ihr Land sagte: „Die Türkei ist nicht Europa. Die Türkei ist auch nicht Asien. Sondern etwas dazwischen. Eine Brücke." Damit hat mir Eda, die in USA studierte, den Schlüssel zum Verständnis ihres Landes in die Hand gegeben.

Hoffen wir, dass dieses Land, das nicht Europa und auch nicht Asien ist, seinen schwierigen Weg zwischen den Polen zu einer eigenen Identität finden wird. So wie Canan.

Die vergessenen Inseln: Gemiler. Oder: Sie nannten ihn Sankt Nikolaus.

Wer war er bloß, der Mann, der uns in den Tagen vor Weihnachten im roten Mantel so oft auf Weihnachtsmärkten, in Kaufhäusern und Kindergärten begegnet? Die Spurensuche beginnt in der südlichen Türkei. Segelrevier-technisch gesprochen, lebte Sankt Nikolaus genau zwischen dem Golf von Fethiye und dem Golf von Antalya. Er war ein Kind dieser Küste, er ist hier aufgewachsen, er hat immer an dieser Küste gelebt, er hat sie nie verlassen. Zumindest als Lebender nicht.

Geboren wurde er zwischen 270 und 286 nach Christus im prosperierenden römischen Patara, keine Tagesreise südöstlich von Fethiye und der Gemiler Reede. Patara ist heute noch zu besichtigen, eine antike Ruinenstadt an der Küste, verlandet, versunken im wehenden Sand eines der schönsten, längsten Sandstrände der Türkei. Sein Onkel weihte ihn mit 18 zum Priester – zu einem Zeitpunkt, als Kirche heimlich und Christsein tödlich war. Vermutlich geriet er in die große diokletianische Christenverfolgung. Das römische Establishment versuchte von 303 an, zehn Jahre lang in einem letzten großen Aufbäumen das Christentum gewaltsam zurückzudrängen, wie ein Hund die lästigen Flöhe abzuschütteln, die sich im Fell des römischen Staatsapparates festgesetzt hatten. Im Westen war man damit einigermaßen lax. Die Behörden in den Ostprovinzen des Reiches setzten die staatlich angeordnete Verfolgung aber mit grausamer Konsequenz um. Georg, Margarete und Katharina von Alexandrien waren nur einige prominente Zeitgenossen von Nikolaus, die dem Verfolgungsapparat zum Opfer fielen.

Nikolaus geriet vermutlich in dieser Zeit in Gefangenschaft, wurde misshandelt, wenn nicht gefoltert. Als man vor wenigen Jahren seinen Schädel in Bari aus dem Grab holte, um zu rekonstruieren, wie der echte Mensch ausgesehen hat, stellte man fest, dass seine Nase zu Lebzeiten schwer gebrochen war und seitdem schief in seinem großen Gesicht saß. Die Gerichtsmediziner fanden heraus, dass er ein ungewöhnlich kleiner Mann gewesen sein muss: 1,60 groß. Aber mit bemerkenswert großen Kopf. In dem eine schiefe Nase saß.

Mit dem Jahr 313 endete die Christenverfolgung. Mehr noch: Das Christentum wurde Staatsreligion. Der Wind hatte gedreht. Auch in dem kleinen Ort Myra, dem heutigen Demre, ein paar Seemeilen südwestlich von Antalya und nahe der Hafenstadt Finike. Nikolaus war hier Abt, später wahrscheinlich Bischof. Es muss in diesen Jahren gewesen sein, dass er die Insel Gemiler besucht und vielleicht auch einige Zeit hier auf der Mönchsinsel gelebt hat. Vielleicht sogar kurz begraben war. Jedenfalls ist seine Verehrung auf diesen vergessenen Inseln besonders groß. Man erzählte sich viele, viele Geschichten von dem Mann aus Myra, der noch zu seinen Lebzeiten Feldherren im Kerker und Seeleuten im Sturm erschien. Und sie rettete aus Not und Bedrängnis.

Etwa fünf Kirchenruinen fand man auf der einstigen Klosterinsel Gemiler. Ruinen aus dem frühen bis späten Mittelalter, als die Osmanen über das Festland hinaus auf Meer und Inseln griffen und die byzantinischen Mönche von den Inseln flohen. Bis dahin war Gemiler Reede, die Nikolaus-

Insel, ein wichtiger Hafen auf der Route ins Heilige Land. Ein „Must-see“ für jeden Pilger, um dem Heiligen Nikolaus seine Verehrung zu bezeugen. Und damit auch ein ungewöhnlich prosperierender Hafen, dessen mittelalterliche Kaimauern, Reeden, Lagerhallen man heute noch an der ganzen Nordküste mit Staunen sieht. Im Inselinneren stehen mittelalterliche Ruinen an diesem Ort herum, es sind viele: dem Heiligen Nikolaus geweihte Kirchen. In den Felsen gehauene Steingräber. Unzählige Totenhäuser vermeintlich bedeutender Menschen, die beim Erweckungsruf des Jüngsten Gerichts nahe, ganz nahe beim Heiligen und auf heiligem Boden sein wollten. Als Klassenprimus in der ersten Bank sozusagen.

Die Verehrung riss auch nicht ab, als italienische Kaufleute im Herbst des Jahres 1087 die Gebeine des Heiligen Nikolaus aus der heute noch stehenden Nikolaus-Kirche in Demre stahlen. Heiligenklau, Reliquiendiebstahl war in Mode zu jener Zeit. Die Liste prominenter Heiliger, die in diesen Jahren angeblich „zum Schutz vor heidnischen Seldschuken“ aus Gräbern christlicher Kirchen gerissen und zufällig nach den größten Hafenmetropolen Italiens „schützend“ verfrachtet wurden, ist lang: San Marco nach Venedig. Sankt Andreas nach Amalfi. Sankt Johannes der Täufer nach Genua. Sankt Thomas nach Ortona. Jede mächtige Hafenstadt dieser Zeit brauchte einen Apostel in ihren Mauern. Oder das, was von ihm übrig war.

Die Kaufleute, die die Gebeine von Sankt Nikolaus klauten, waren vergleichsweise spät dran bei diesen Ereignissen. Sie waren aus Bari und vermutlich war die Mission lange geplant, mit der sie die Gebeine von Sankt Nikolaus heimlich dorthin schafften. Wo noch heute jedes Jahr vom 7. bis 9. Mai die Ankunft der Gebeine von San Nicola, denn so heißt er hier, in der Stadt mit großem Brimborium, Umzügen, Herumtragen der Reliquien des San Nicola in der Stadt und im Hafen gefeiert wird. Und hier ruht er auch noch heute. Wenn nicht gerade eine Gesichtsrekonstruktion, ein Umzug oder anderer Trubel seinen ewigen Schlaf stören.

Reden wir mal über: die Angst.

Der Mann meiner Freundin Doris sagt oft zu ihr im Scherz, dass Amerika noch nicht entdeckt wäre, hätten alle so viele Ängste wie sie. Also fragt mich Doris: „Hast du eigentlich keine Ängste, allein segelnd?"

Die knappe Antwort heißt: „Na klar hab ich Angst." Und: „Es gibt viele Dinge, die ich fürchte." Aber: Nie sollte man seinen Ängsten nachgeben!

Was das heißt, möchte ich mit einer Geschichte erklären: David, mit dem ich in meiner Abiturzeit die ersten abenteuerlichen Wanderungen quer durch die Toskana unternahm und der heute in Guatemala lebt, hatte schon damals eigentümliche Übernachtungsgewohnheiten. Während ich in Florenz – artig und altersgemäß – in die Jugendherberge ging, schlug David sein Einmannzelt oben über der Stadt, hinter dem Friedhof bei San Miniato auf. Auf meine Frage, ob er denn da keine Angst hätte, meinte er: Erstens wäre dieser einsame Platz sicher nicht der Ort, an dem Diebe auf Raubzug gingen. Das wäre in der Stadt weit lukrativer. Und zweitens: Wenn's vor dem Zelt unheimlich raschelt: „Aufstehen. Das Zelt verlassen. Nachsehen."

Und das ist der Kern des „Nie seinen Ängsten nachgeben". Es ist eine ziemlich schwierige und vor allem lebenslange Übung, die David mir beigebracht hat. Nachts im Haus, wenn das Gewitter tobt und es am Unheimlichsten ist, das Bett verlassen. In jeden Winkel des Hauses gehen. Im nächtlichen Sturm vors Haus treten. Nachsehen gehen. Was immer es auch sein mag.

Oder wenn's in der Bucht innerhalb von fünf Minuten auf 25 Knoten auffrischt: Segel setzen, mal die Nase rausstrecken. Und gucken, wie das da draußen aussieht. Meist stellt man fest: Mit Reff im Groß und kleiner Fock geht das wunderbar, wenn auch „hoch am Wind" ein nasser und ruppiger Ritt ist. „Davids Übung" ist eine tagtägliche. Und eine lebenslange. Und leicht fällt sie auch mir nicht. Und hier meine Ängste – in der Reihenfolge ihrer Bedeutung:

Krankheit und Verletzung.

„Die Erfindung des Kühlschranks hat mehr Menschenleben gerettet als die ganze Pharmaindustrie in ihrer Geschichte", sagt Arne, erfolgreicher Medizin-Buchautor. Ein guter Satz. Gerade auf älteren Yachten funktioniert der Kühlschrank aber nur so gut, wie Strom zur Verfügung steht. Eine wesentliche Verbesserung der Situation habe ich auf LEVJE dadurch erzielt, dass ich auf Anraten von Ivo, er sei gepriesen, eine Solarzelle installiert habe. Kostete 100 Euro plus 120 Euro für den Laderichter. Alles selbst anschließen war mit der Anleitung nicht schwierig und mit aufwendigem Kabelziehen an einem Tag erledigt. Der Kühlschrank ist jetzt kühl rund um die Uhr. Aber trotzdem beäuge ich seinen Inhalt kritisch.

Als vermutliche Gefahrenquelle erwies sich in Griechenland ein nettes Restaurant auf Kimolos. Ich hatte Lust auf frischen Salat und bin rübergerudert. „Greek Salad with Kimolos Cheese". Nachts Bauchschmerzen, tags darauf Fieber, Durchfall, Schüttelfrost, Gliederschmerzen. Ich musste wieder an die alten Regeln denken: nichts Ungekochtes, nichts Rohes. Aus die Maus. Und Salat nur selber machen nach gründlichem Waschen, genauso wie Obst.

Technik.

Hält das Schiff durch? Springt der Motor an in der Durchfahrt zwischen den Klippen? Halten die Wanten den Mast auch bei 40, 50 Knoten Wind?

Sorgen um die Haltbarkeit von Schiff und Technik standen vor Beginn meiner Reise an allererster Stelle. Auch hier hilft „Davids Übung“ weiter. Den kaputten Autopiloten konnte ich selber wieder in Gang bringen, für die Ankerwinsch brauchte ich Ersatzteile, aber auch hier ging die Reparatur letztlich problemloser als gedacht. In beiden Fällen erwies sich übrigens YouTube als hervorragende Quelle: Sowohl das Zerlegen meiner LEWMAR PRO FISH 1000 wie meines RAYMARINE ST 2000+ ist dort von Seglern in ausgesprochen hilfreichen Videos sauber dokumentiert. „Aufstehen. Das sichere Zelt verlassen. Nachsehen.“

Ganz allgemein: „Das, was viel größer ist als ich.“

Das, was nicht mehr beherrschbar ist. Damit meine ich: Wellen, kürzer, steiler und höher, als ich sie jemals gesehen habe. Wind, stärker, als ich ihn je erlebte. Ein Unwetter, wütender als alle, die ich erlebte.

Wind und Wetter.

Als es ganz am Anfang meiner Reise morgens um 8 Uhr genau wie beschrieben schlagartig mit 25 Knoten in die Bucht blies und ich zögerlich war, rauszugehen, haute mir Sven, der ein Stück mitsegelte, den Satz um die Ohren: „Willst du warten, bis der Wind weg ist?“ Wir gingen raus und es wurde ein herrlicher Segeltag. Mit jedem Segeltag wächst das Vertrauen in mein Schiff. Wind und Wetter sind nicht zu ändern. Aber wie ich mein Schiff darauf einstelle, das schon.

Zu guter Letzt: „Man kann immer etwas tun."

Was ich mir einschärfe und nie vergessen möchte, ist dieser Satz. Egal, ob Sven erzählt, wie ihn auf Spargi in einer Tagesanker-Bucht 9 bis 10 Windstärken drei Tage vor Anker festhielten. Oder Reijko, dem 100 Meter vor dem Hafen der Kühlwasserschlauch platzte und die Seewasserpumpe weiterlief. Und das Meer ins Boot hineinpumpte. Oder mir bei einer Bora-Fahrt über den Quarner der Krümmer plötzlich leckte. Und Wasser ins Boot lief. Oder heute plötzlich draußen, 10 Meilen vor der Küste, der Motor ausfiel. Es war der Impeller – aber trotzdem: einhand, unter Segeln, die Wasserpumpe zerlegen und wieder zusammenschrauben – war eine gute Übung.

Ich hoffe eigentlich: Erstens, dass mir das alles nie passiert. Und zweitens, dass mir dann etwas einfällt, was ich tun kann.

Menschen am Meer:
Der große Markt von Finike.
Oder: Was hat eigentlich Ibrahim mit mir zu tun?

Jeden Samstag ist großer Markt in Finike. Die Segler, die neben LEVJE im Hafen von Finike überwintern, freuen sich auf den Samstagsmarkt. Am Samstag lassen sie Schiff einfach Schiff sein, unterbrechen ihre Arbeit, das Streichen des Niedergangs, das Schleifen an alten und neuen Holzteilen, das Schwätzchen auf der Pier. Und freuen sich einfach, auf den Markt zu gehen. Denn schließlich ist in der Marina von Finike jeden Sonntag um 13 Uhr im PORTHOLE, dem Aufenthaltsraum für Segler, das große Barbecue. Die Zutaten, seine Mitbringsel kauft man am Samstag. Auf dem großen Markt.

Der große Markt von Finike verblüfft zunächst mal. Türkische Händler sind wahre Ästheten, was das Präsentieren ihrer Sachen angeht. Jedenfalls die Händler von Finike. Fein säuberlich stapeln, schlichten, sortieren, trennen, separieren sie die Dinge, die sie anbieten. Lassen Endividienköpfe strammstehen in Reih und Glied vor Kommandeur „Kunde“. Verkaufen, das lernt man wieder einmal hier, hat zuallererst damit zu tun, wie man aussehen lässt, was man verkaufen möchte. Und die Händler von Finike geben sich große Mühe damit.

Zumeist sind es natürlich Obst und Gemüse, was die Händler anbieten. In der ganzen Ebene südlich von Antalya, um Finike herum, werden Orangen, Mandarinen und allerhand sonstiges Grünzeug angebaut. Kumluça, wenige Kilometer von Finike entfernt, preist sich als Anbauort von Tomaten und Orangen. Der Orangensaft, der „Portakal Suyu“: Er schmeckt hier ganz anders als manch saures Zeug, was oft bei uns als Orange aussehend und „Frisch gepresst“ im Glas landet.

Antalya von oben: Es ist ähnlich wie auf Gran Canaria, Tausende Seemeilen weiter westlich: Plastik-Gewächshäuser, so weit die Ebene und das Auge reichen, die die Riesenstadt Antalya aus der Luft glitzern und blinken lassen. Es wimmelt nur so von Gewächshäusern. Selbst in, auf, und um die antiken Ruinenstädte von Myra und Limyra sind Gewächshäuser errichtet, „Antike unter Tomatenzucht“, man trifft sie hier im Süden überall. Wieder einmal beeindruckt mich die Türkei. So viel Ehrgeiz, so viel Wille, die Dinge, die Zukunft in die Hand zu nehmen.

So streife ich über den großen Markt. Kann mich nicht sattsehen an all den Farben, die die Händler da geschickt präsentieren. Wüsste ich es nicht besser, würde ich sagen, jeder von ihnen hat eingehend sein Handbuch gelesen, „Besser verkaufen“. Irgendwie sind sie einfach geborene Händler, die Türken auf dem großen Markt von Finike.

Und während ich herumstreife, erliege ich meiner Schwäche fürs gute Essen, die sich in hemmungsloser Neugier äußert: für die Nüsse, die auf dem Markt vor aller Augen frisch gebrannt werden und die man heiß in ein Tütchen gefüllt bekommt.

Für den bröseligen Käse, der aus geflochtenen Körben kommt. Hunderterlei verschiedene Käse, die vor meinen Augen defilieren.

Mein Widerstand schwindet. Ich kaufe hier ein paar Zucchini. Dort Tomaten. Dann drei Forellen aus dem Tank. Dann muss ich den bröseligen Käse am blaurotweißen Stand probieren. Endgültig setzt mein Hirn aber aus, als ich zwei Stände mit meiner Leidenschaft entdecke: Helva: körniger, zuckersüßer Sesamzeug-Nachtisch. Den ich jetzt NICHT im Foto wiedergebe.

Helva pur!

Helva mit Pistazien!!

Helva mit Schokolade!!!

Dicke Stücke lasse ich mir von Ahmed schneiden, die Unvernunft eines Kindes, das den geheimen Weg in die Marmeladenkammer gefunden hat. Dabei mag ich eigentlich nichts Süßes.

Mit gefühlten 25 Tüten bin ich schon fast auf dem Heimweg, als ich in der Ecke des Marktes drei Stände entdecke. Gözleme: Türkische Pfannkuchen. Wollte ich schon immer mal probieren.

An seinem Stand empfängt mich Ibrahim. Seine Frau und eine Helferin backen dort die verschiedenen Gözleme auf einem heißen Blech. Die Helferin hat ein langes Holzstäbchen. Damit rollt sie die Gözleme aus. Faltet sie. Und übergibt die rohen dünnen Teigscheiben gefaltet an Ibrahims Frau, die am Herd sitzt. Zum Ausbacken. Solche mit Fleisch und Käse. Andere pur. Wieder andere sind mit Grünzeug gefüllt, Petersilie, Selleriestückchen.

Währenddessen geht es mir mit Ibrahim so, wie es mir als Segler in der Türkei oft ergeht: Ich spreche mein Gegenüber mühsam türkisch radebrechend an. Und erhalte eine Antwort auf Deutsch. Es waren schon ulkige Antworten dabei. Die beste, vor Jahren, typisch, als ich einen sehr türkisch aussehenden Türken fragte, woher er so gut Deutsch könne, lautete in breitestem Schwäbisch: „I han siiiebe Joooor beim Daimler gschaffffft.“

Ibrahim war nicht beim Daimler. Aber in Deutschland war auch er. Ging 1980 mit 20 dahin. Arbeitete als Küchenhilfe, als Kellner. Als ich frage, wo, fragt er, ob ich München kenne. Als ich bejahe, stellt sich heraus, dass Ibrahim lange Jahre im Nachbarort kellnerte, in dem ich aufgewachsen bin. Vielleicht bin ich Ibrahim mal im Biergarten begegnet, in dem er arbeitete. Vielleicht standen wir gemeinsam in irgendeiner Schlange an der Kasse. Vielleicht hat er sich gefreut über einen gemeinsamen Augenblick. Eine Begegnung. Vielleicht hat er sich geärgert, weil ich unachtsam war.

Vielleicht hat ja auch XING, das große Netzwerk, recht, das behauptet: „Jeder ist mit jedem bekannt.“ In XING kann man einfach irgendeinen Namen eingeben: Und schon zeigt einem das Netzwerk, dass es tatsächlich nicht mehr als zwei gemeinsame Bekannte braucht, über die man sich kennt.

Vielleicht liegt ja auch darin der Reiz auf dem großen Markt von Finike. Zu verstehen, dass wir zwar Fremde sind. Aber doch Gemeinsamkeiten haben. Bis hin zu einem Moment, den wir mal miteinander teilten.

Unter Segeln: Medine, Camasirhane. Oder: Wie der Segler auf Langfahrt seine Wäsche wäscht.

Es gehört in unseren Breiten zu den einfachen Dingen des Alltags, seine Wäsche zu waschen. Man sammelt einfach, was man nicht mehr tragen mag. Und wirft die Waschmaschine an. Oder „es" sammelt „sich von selber". Vor der gähnenden Öffnung der Waschmaschine. Wirken Mann und Frau, so sie zusammen leben, daran gemeinsam mit: So tun sie das – dank genetischer Prägung und Rollen-einübung seit der frühen Steinzeit – ganz wunderbar: Der Mann als steinzeitlicher „Jäger und Sammler", der er immer noch ist, sammelt Schmutzwäsche: indem er seine dreckigen Sachen überall in der Wohnung liegen lässt. Seine Socken etwa. Den Pullover.

Die Frau, seit der frühen Steinzeit fürs „Horten" des Gesammelten zuständig, „hortet" das dann alles am liebsten an einem Ort. Täglich. Manchmal auch mehrmals täglich. Nämlich in der fröhlich-schäumend mampfenden Waschmaschine. Auf See ist das alles nicht ganz so einfach. Natürlich funktionieren die seit frühester Steinzeit eintrainierten Verhaltensweisen immer noch zuverlässig. Aber der Dritte im Bunde, der Ort femininen Wäsche-Hortens, der ist auf einer langen Reise manchmal verflixt schwer zu finden: die in unschuldigem Weiß dreinblickende Waschmaschine.

Auf meiner langen Reise die italienische Ostküste hinunter hat sie sich gekonnt vor mir versteckt: in italienischen Marinas, gleich ob CIRCOLO NAUTICO oder LEGA NAVALE, von den beiden großen italienischen Segel-Clubs betrieben, hat man noch nie eine gesehen. Man kennt sie dort nur aus dem Fernsehen, denn Marinas in Italien sind eher echte Männer-Clubs. Man trifft sich dort. Guckt im Fernsehen gemeinsam AC Mailand. Hebt ein Gläschen. Trifft sich im Club-Restaurant. „Ciao Gianni." Aber Waschen? Das tut man dort nicht. Es war natürlich ein weibliches Wesen, das mir dann endlich, endlich im schönen Ancona nach wochenlangen Handwäschen den rechten Weg wies. Nämlich den zum einzigen Waschsalon der mittelitalienischen Adriaküste. Leider am anderen Ende der Stadt. Leider oben auf dem Berg.

Eine mühselige Angelegenheit. In Italien richtig gemütlich mit dem Waschen war es nur in der brandneuen, ansonsten von Gott verlassenen Marina von Rodi Garganico. Aber nur weil ich da 25 brandneue Waschbecken hatte. Ganz für mich allein.

In Griechenland war‘s nicht besser. Im viel besuchten Korfu wäscht auch keiner. Jedenfalls nicht öffentlich. Was vielleicht von den Engländern herrührt, die über die Insel herrschen seit Jahrhunderten, früher dank Navy, heute dank RYAN-AIR. Man muss schon deutlich südlicher segeln, etwa 70 Seemeilen. Nach Lefkas. Und da wird man dann aufs Feinste fündig. Dort, in einem abgelegenen Winkel der Marina Levkada, standen sie dann: gestandene Seebären, segelnde Pärchen. Die schwieligen Hände voll. Säckeweise Schmutzwäsche. Mit bittendem Blick. Vor der etwa 1,65 großen Athanasia, reich an Jahren und Erfahrung, mächtig nur des Griechischen, Herrscherin über ihr dampfendes

Königreich von der Größe einer Speisekammer. Und doch war Athanasias Reich etwas, wo die Segler, na ja, Erlösung fanden: Jeder verließ den Ort mit glücklichem Lächeln. Was vorher als Handtuch salzstrotzend über den Seezaun starrte, duftete nach noch nie gerochenen Blumenwiesen. Das Lieblingshemd verdiente seinen Namen wieder. Und das Beste: Alles fein säuberlich zusammengelegt. Gestapelt. Und in einen großen Sack durchscheinenden bakterizid-fungiziden Plastiks verpackt. Was für ein schöner Tag!

Ich musste dann erst den langen, langen Weg Kurs Südsüdost um den Peloponnes nehmen bis ins schöne, von Böen umwehte Kalamata, wo ich nach langen Irrfahrten wieder in den Genuss zweier Waschmaschinen kam. Sie waren undurchsichtiger Herkunft, die beiden. Standen schweigend in der Ecke des verlassenen Waschraums, erhaben über Raum und Zeit. Und die beiden hatten es auf mich abgesehen. Genau auf mich. Sie hatten auf mich gewartet. Gebrauchsanweisung griechisch. Die ich, des Griechischen bis auf „Gut‘ Nacht“ vollends unkundig, für mich so übersetzte:

„Du Wäsche einfüllen.
Flüssiges Waschmittel du über Wäsche kippst.
Du Deckel schließen. Das Geldstück du einwerfen musst:
Umhauen wird dich Blütenduft!“

Das tat ich. Genau nach Vorschrift. Einmal. Nichts geschah. Die griechische Maschine will meinen deutschen Euro nicht. Den vom herbeigeholten Marinero, Grieche, aber auch nicht. Auch den vom Hafenmeister nicht. Also lud ich die mit Flüssigwaschmittel getränkte Wäsche in die andere Maschine um. Aber auch die war bockig. Und schwieg. Sagte. Einfach. Keinen. Mucks.

Wir schritten den Kabelkanal ab. Beäugten die Kabel. Schraubten den Sicherungskasten am anderen Ende des Raumes auseinander. Ich probierte es mit geflüsterten Koseworten. Dann mit Zauberworten. Dann mit Bitten, Fluchen, Dagegentreten, den Stecker final ziehen. Ich schäumte. Die blöden Waschmaschinen nicht. Es war Nacht, als ich bei einem alten Marinero noch einmal den „Geldwechsel-Trick" versuchen wollte. Nikolaos sah mich milde an. Ohne ein Wort verstand er mein Leid. Kam mit mir. Es war nur ein einfacher Trick. Und die beiden Waschmaschinen liefen.

Vielleicht ist das ja eine Marktlücke? Ein Segelreiseführer, wie man auf dem 2000 Seemeilen langen Weg von Izola nach Antalya seine Wäsche waschen kann? Eine App programmieren mit dem schönen Namen „iWash"?

Auf Paros war's dann wieder einfach. Mit den Waschmaschinen jedenfalls. Meistert man die mit Felsen bewehrte Hafeneinfahrt nach Paroiki, Paros Hauptort, an denen vor Jahren eine Fähre zerschellte, weil die Männer Fußball guckten: Dann hat man sie auch bald vor sich, die Waschmaschinen des örtlichen Waschsalons. Nur Liegeplatz im Hafen gab's keinen. Also in der großen Hafenbucht geankert. PEANUTS, mein Dingi klargemacht. Und die eineinhalb Kilometer rübergerudert. Und die Wäsche hingebracht. Und wieder zurückgerudert. Und weil die Wäsche noch nicht fertig war, als ich wieder hinüberruderte, wieder zurückgerudert. Und nochmal hingerudert. Ich rudere gern.

Ich weiß nicht, woran es liegt: Erst in der prosperierenden Türkei klappte das mit dem Waschen. Wie am Schnürchen. Vielleicht ist auch mein Bild dieses ehrgeizigen, funktionierenden Landes geprägt von meinen Erfahrungen beim Wäschewaschen? In der Marina von Turgutreis erledigte ich das in der dortigen Wäscherei in der Marina. Es war der bienenfleißige, lang gewachsene, einäugige Jussuf, dem ich während des Einklarierens, sozusagen zwischen Amtsarzt, Zollbeamten und Hafenkapitän, mein Wäschebündel in der Augusthitze in die Hände drückte. Es klappte. Das mit dem Amtsarzt, der in Badehose vor mir erschien. Und das mit Jussuf, dem Einäugigen.

Wäschewaschen 130 Seemeilen weiter östlich in Marmaris? Ein Vergnügen. Mittags gebracht, abends gemacht. Weil das ja so Spaß machte, ging ich gleich drei Mal zu der schelmenhaften Wäscherin Ayse. „Ein Oberhemd, gepflegt wie nie. Wir danken sehr. Und grüßen Sie." Wär ich noch in Marmaris, ging ich, glaub ich, immer noch hin. Jeden Tag.

Und morgen, ja morgen, das nehm ich mir vor: Da schreib ich über Medine im Hafen des südtürkischen Finike. Sie ist meine Favoritin unter allen Wäscherinnen und Wäschern. Medine, „Camasirhane". Das steht auf dem großen Organigramm am Eingang in die Waschräume der Marina. Mit Foto. Die Griechen hatten kein Organigramm. Die Italiener auch nicht. „Camasirhane", das heißt, glaub ich, Wäscherin auf Türkisch. Über Medine werde ich also schreiben. Stellvertretend für alle. Und dankbar für die Begegnungen. Die ich einzig meiner schmutzigen Wäsche verdanke.

Legen wir also mal eine Schweigeminute ein. Aus Dankbarkeit. Für das, was unsere alten Klamotten uns täglich bescheren. An guten Begegnungen.

Tahtali Dag.
Ankern, wo die Götter wohnen.

Den Berg Olymp, den Ort, an dem die Götter wohnen, gibt's nur einmal. Denkt man. Aber kurz vor der schönen Stadt Antalya kann man lernen, dass die Griechen in der Antike wohl gleich mehrere „Berge Olymp" besaßen.

Vermutlich waren es Siedler aus Rhodos, die hier in der Bucht um 690 vor Christus die Stadt Phaselis gründeten, deren drei (!) Häfen man heute noch besichtigen kann. Glaubt man Legende und Mythos, begann alles wie so oft mit einem cleveren Deal: Den ersten Hirten, dem die Kolonisten aus Rhodos hier begegneten, fragten sie, was er denn als Ansiedlungsgebühr gerne hätte: Gerstenbrot? Oder gesalzenen Fisch? Der Hirte, entweder weise oder schlichten Gemüts oder einfach nur hungrig, dachte gar nicht an eine dritte Lösung: Geld oder Gold. Er entschied sich für den gesalzenen Fisch. Und da waren sie nun. Und der unaufhaltsame Aufstieg der Stadt Phaselis begann.

Genau wie ich heute beim Aufstehen in der Ankerbucht hatten auch die Griechen von Phaselis das gewaltige, auf über 2300 Meter aufragende Bergmassiv vor Augen, das sie „Olymp" nannten. Und weil „Bergsteigen" und „Bergwandern" eine Sache ist, die die Menschheit zu Lust und Zeitvertreib gerade mal seit 150 Jahren kennt und betreibt – vorher kam niemand auf die Idee, so etwas aus Spaß zu tun –, war das, was da oben auf dem Olymp war, für die unten „Terra incognita“. Man blieb unten. Und dachte sich sein Teil über „Das da oben“. Leere. Stille. Abwesenheit des Nichtigen. Unerreichbarkeit: ein Ort, wo die Götter wohnen.

Nachsehen, ob die Götter da wirklich wohnten, ging damals niemand. Erstens sind es ja manchmal unsere Träume, die unser Leben erst so richtig schön machen. Und wenn man nachschauen geht, dann ist der Traum unweigerlich futsch. Und zweitens wäre Nachsehen auf unwirtlichen 2000 Höhenmetern mit Beschwerlichkeit, wenn nicht gar Gefahr verbunden gewesen. Das lehrt uns nun wirklich Ötzi und sein Schicksal, das sich 2500 Jahre vor der Gründung von Phaselis und 5000 Jahre vor uns erfüllte.

Heute geht das einfacher: Eine Seilbahn bringt bis zu 80 Wissbegierige pro Kabine mit einer Geschwindigkeit von 36 Kilometer pro Stunde in 10 Minuten von 0 auf 2366 Meter, auf den Gipfel. Aber nachsehen, ob da die Götter wohnen, kann man vermutlich nicht mehr. Der Berg heißt ja auch heute nicht mehr „Olymp“, sondern „Tahtali Dag“, „Tachtali Daaah“ gesprochen. Aber wunderschön ist er immer noch, im Morgenlicht, der „Tahtali Dag“. Und wer weiß, was man findet, wenn man nachsehen geht? Immer noch: Leere. Stille. Abwesenheit des Nichtigen. Unerreichbarkeit. Und das wäre doch schon unglaublich viel.

Phaselis.
Oder: Die charakteristischen Eigenschaften des Seemanns.

Die letzten freien Tage auf meiner Reise, die verbringe ich in der Bucht von Phaselis vor Anker. Eine weite Bucht, in der ich alleine ankere, direkt unter dem Tahtali Dag, auf den ich jeden Morgen schaue, wenn ich LEVJEs Niedergang hochsteige, wie er klar und rein vor mir liegt im Morgenlicht. Meine Einsamkeit wird nur gestört, wenn sich der leichte Morgennebel am späten Vormittag verzogen hat. Wenn ein, zwei Ausflugsschiffe aus Antalya herüberkommen, verkleidet, aufgemacht als schwarze Geisterschiffe wie die BLACK PEARL, schwarze Fetzen hängen von schwarzen Masten, die nie ein Segel trugen, Techno wummert laut beim Anlegen in der antiken Stadt auf der Halbinsel, in der schon Alexander der Große einen Winter verbrachte. Phaselis und seine Ruinen: ein Traum im Sonnenlicht unter Pinien im Herbst, wenn ich am späten Nachmittag hinüberrudere, um erst im Sand spazieren zu gehen. Oder zwischen den Trümmern, die in einem Pinienwald herumstehen, einst eine florierende Handelsstadt erst der Griechen, dann der Römer, zuletzt eine byzantinische Kleinstadt in der Brandung anstürmender Seldschuken. Phaselis.

Ein wenig kostet es jetzt schon Überwindung, morgens zum Schwimmen ins Meer zu steigen. Drinnen ist's zwar warm. Aber die Luft ist kühl, und wer aus dem warmen Wasser kommt, vor allem morgens im Dunst, der schnattert erst einmal, bis er trocken ist. Trotzdem genieße ich die Tage unter dem Tahtali Dag. Der Herbst: Die beste Zeit, um zu reisen, wenn der Lärm und das Laute des hohen Sommers vorbei sind.

Und was hat mir meine Reise gebracht? Habe ich etwas gelernt? Habe ich mich verändert? Bin ich ein anderer geworden? Ist es wert, für Monate einfach zu verschwinden auf einem kleinen Segelboot?

Zweifellos. Und Gründe, die diese Reise wert machten, gibt es viele: Da ist zum einen die Geschichte von dem alten Massai, in dessen Dorf Ende der Neunzigerjahre zwei amerikanische Backpacker auf Trekkingtour durch Kenia gelangen. Und die ihm abends am Lagerfeuer stolz ihre nagelneuen Rucksäcke vorführen. Große Staufächer. Extrataschen für dies. Extrataschen für das. Kleine Tupper für jenes. Reißverschlüsse. Schnallen. Schnappschlösser. Klettverschlüsse … Nachdem der Massai den Rucksack und seinen ausgebreiteten Inhalt einige Minuten wortlos betrachtet hat, wendet er sich an die Wanderer mit der Frage: „Sag: Macht all dies euch glücklich?“

Eingespannt in mein früheres Leben: Vor allem meinen Beruf, das Gelärme dessen, was „wichtig“ zu sein scheint, und auch mein Leben mit meiner Partnerin, Kindern, ist es schwer, sehr schwer, zu hören, was ich wirklich brauche. Denn der lautlose Lärm dieses meines Alltags ist überwältigend. Für mich. Für die meisten von uns.

Tatsächlich ist es verdammt wenig, was ich „wirklich“ wirklich brauche. Aber um herauszufinden, was dazu zählt, war es einfach buchstäblich notwendig, die Autobahn, auf der auch ich mich seit Jahren im Kolonnenverkehr bewege, zu verlassen. Rechts rauszufahren. Auszusteigen. Und zu gucken: WAS mir da einfach begegnet. Und WIE.

Und diese Begegnungen sind das Wichtige: mit den vielen Leben, den vielen MENSCHEN AM MEER, über die ich schrieb. Wieder Zeit zu finden, Menschen tief in die Augen zu blicken. Zeit zu haben, ihre Geschichten zu hören, wie sie ihr Leben leben, wie sie ihre Probleme anpacken. Zeit, zuzuhören, statt nur gerade auf der Jagd nach Umsatz, einem Auftrag, dem neuen Sofa zu sein.

Mit dem, was mir UNTER SEGELN auf dem Meer begegnete: Einsamkeit. Inseln, auf denen die Götter zu wohnen scheinen. Gewitter. Und große Wellen.

Das, was uns begegnet, wenn wir unser Zuhause verlassen, ist wichtig.

Das, was wir im Alltagsbetrieb einfach nicht mehr wahrnehmen, wofür wir den Blick verloren haben, ist wichtig.

Eine weitere Erfahrung: In meinem vorherigen Leben war ich glücklich. Hatte 22 Jahre meinen Traumberuf. Menschen führen. Ideen gemeinsam ausbrüten. Machen. Neue Dinge machen, die erfolgreich sind. Es ist wie eine Sucht. Und ich liebe es. Eigentlich möchte ich nichts anderes machen.

Trotzdem war da der Traum. Ein Traum, der mich nie verlassen hat. Der immer da war. Der jeden Tag einmal vor mir stand, der mich durch schreckliche Konferenzen und lähmende Shareholder-Meetings trug: „Ich möchte ein halbes Jahr segeln gehen."

Ich weiß nach dieser Reise mit Bestimmtheit: Wenn du eine Sehnsucht, einen Traum hast. Was immer es ist. Finde den richtigen Zeitpunkt. Lebe ihn. Denn ein Traum, den man über Jahre hinweg hat, der ist nicht verkehrt. Der führt einen nicht in die Irre. Seine Erfüllung erfordert Opfer, ja. Es bleibt Liebgewonnenes auf der Strecke.

Wie kann man herausfinden, ob so ein Traum – was immer es ist – es ernst mit mir meint? Ob er nicht trügerisch ist? Oder gar ein Albtraum? Es geht einfach: Man setzt sich in entspannten Momenten einfach hin. Gerne auch in einem öden Meeting, wenn es gerade nicht auffällt. Und denkt sich hinein in seinen Traum. Und malt sich die Details aus von diesem Traum. Das Plätschern der Wellen nachts an der Bordwand. Die Bucht, in der man schwimmend die schönsten Tage verbringt. Und dann: malt man sich das weniger Angenehme aus. Die weniger schönen Seiten. Das Unangenehme: schlechtes Wetter auf See. Regentage. Kabbelige See mit klapperndem Rigg am Morgen nach einem Nachtschlag. Klamme Sachen. Sixpacks Wasser in der Mittagshitze des griechischen August aufs wackelige Boot schleppen. Mürrische Hafenmeister, die mich und meine LEVJE abends um 19 Uhr aus dem Hafen weisen, ins Ungewisse.

Bleibt der Traum bestehen: Dann ist es ein Traum. Und wie immer ist es dann nur die Frage des richtigen Zeitpunkts.

Eine weitere Erfahrung dieser Reise: Nur reisen ist zu wenig. Man muss schon etwas machen. Und dieses „Man muss einfach nur etwas machen“ begegnete mir so oft im Leben, ich fand es immer richtig. Die Mutter meines Freundes David hat mir diese Weisheit als Schüler vermittelt. Es leuchtete mir, dem 16-Jährigen sofort ein. Und es hat mich nie verlassen. Selbst mein persönliches Vorbild, die Seglerin Gudrun Caligaro, die Ende der Achtzigerjahre als allein segelnde Mittvierzigerin die Welt auf einer 28-Fuß-Yacht umrundete und nur fünfmal (!) anlegte: Auch sie „machte“ etwas, obwohl ihr Tagesprogramm neben dem Sich-ums-Boot-Kümmern vor allem im „Beobachten und Schauen“ bestand. Sie hatte eine unfassbare einfache Freude über das, was sie sah. Die Wellen. Die Malamoks. Der Wind, der ihr kleines Schiff über die Wellen schob. Und: Sie schrieb ihr Tagebuch. Aus dem später ein wunderbares Buch wurde.

Ich habe es gut und gerne 50 Mal gelesen und verschlungen, es hat mich auch auf LEVJE begleitet. Eine weitere Erfahrung:

„Ein Schiff im Hafen ist sicher. Aber dafür ist ein Schiff nicht gemacht.“

Es ist immer wieder einer der zuverlässig glücklichen Momente beim Segeln: Nach einem langen, langen Schlag ist LEVJE wieder im Hafen. Die Leinen sind fest. Der Hafenschlick von der Arbeit mit der Mooring von den Händen gewaschen beim ersten Sprung auf die Pier. Den Leinenverhau in der Plicht aufgeräumt. LEVJE ist fest. Wir sind sicher. Im Blick: ein Lächeln.

Immer wieder ein guter Moment. Ein Moment der großen Entspannung, die ich beim Segeln – und so nur dort – finde. Dennoch hat John Augustus Shedd recht, dessen im letzten Jahrhundert erschienenen Buch die Kapitelüberschrift entstammt. Und zwar gleich mehrfach: Es ist wichtiger, einfach loszusegeln, als bei der Vorbereitung eines fünfmonatigen Törns ewig an der technischen Perfektion meiner Yacht zu arbeiten. Als ich lossegelte, hatte ich für LEVJE immer noch zehn Punkte auf meiner Liste. Mindestens. Vielleicht doch noch ein Radar? Und AIS? Die Bilgenpumpe größer. Die Cockpitpolster schöner. Die Pinne noch dreimal mehr mit Klarlack streichen. Bimini und Persenning noch größer. Und, und, und. Aber LEVJE war für die fünfmonatige Reise bereit. Und ich war es auch.

Also: Gute Gründe, warum Mann und Schiff noch nicht bereit sind, gibt es immer. Es ist wichtiger, einfach rauszugehen und zu sehen: Wie ist es da? Denn meistens warten herrliche Tage auf See auf einen.

Und dies gilt nicht nur fürs Segeln.

Was mir diese Reise gebracht hat, ist innerer Reichtum. Unglaubliche Bilder. Das Bild der unbewohnten, gottverlassenen Insel Kynaros in der Ägäis, deren „Augen" mich unverwandt anblickten. Die unglaublichen achterlichen Wellen bei der Überquerung der Straße von Otranto. Die Kirche in der Festung von Santa Mavra bei Levkas. Die schreckliche Gorgo auf Paros. Die Wolken am Abend bei der Ansteuerung auf Antalya.

Es ist so viel. Unglaublich viel.

Es ist das Gefühl, etwas Einzigartiges erlebt zu haben. Etwas, das man für Millionen harter Währung nicht kaufen kann.

Und das Beste: Es muss nicht die große Weltumsegelung sein. „Die Abenteuer beginnen, wenn wir unser Zuhause verlassen“, sagt Blaise Pascal. Schon im Kleinen.

Es braucht wenig, um auf dem Meer glücklich zu sein. Klar träume ich immer vom nächsten Schiff, das größer ist. Aber meine LEVJE ist mir heilig. Und schon beim Kauf meines ersten Segelboots 2001, einer kleinen MANTA 19 auf dem Starnberger See, gebaut von SCHOECHL in den Siebzigerjahren in Salzburg, sagte mir der Vorbesitzer wehmütig: „Es ist ein Boot für glückliche Stunden.“ Er hatte recht damit.

Na klar ist eine Weltumsegelung ein großartiges Projekt. Aber darauf kommt es nicht an. Sondern WAS und WIE man erlebt. Und das ist keine Frage von „Schiffsgröße“ und „gesegelten Etmalen“ oder zurückgelegten „Meilen“.

Einen meiner bemerkenswertesten Törns habe ich vor vielen, vielen Jahren auf eben dem Starnberger See gemacht. Im späten September. Und auf eben der MANTA 19. Allein. Ich habe mir für eine Woche Verpflegung draufgepackt. Und bin aus meinem Hafen gesegelt mit dem festen Vorsatz: „Ich werde eine Woche lang keinen Fuß an Land setzen. Und nur draußen ankern. Und nicht im Hafen übernachten.“ Ich habe „Großer Törn auf kleinem Boot“ gespielt. Und ich habe in wenigen Tagen genauso viel erlebt wie auf einem großen Törn. Gewitter die halbe Nacht lang. Warme Tage. Wunderbare Sonnenuntergänge. Nächte mit eiskalter Nase tief im Schlafsack. Der Schluck Rotwein nach gelungenem Ankermanöver in der Dämmerung. Der Blick auf die Lichter am Ufer in der Nacht, die ich doch seit meinen Kindertagen kenne. Regen. Starkwind in die Ankerbucht.

Nein. Es muss nicht das große Schiff sein. Es muss nicht die Weltumsegelung sein.

DAS ist nicht der Schlüssel.

Zu guter Letzt dies, was ich besser nicht zusammenfassen könnte, als es Charles Darwin in seinem Buch *Die Fahrt mit der Beagle* benannte als: „Die charakteristischen Eigenschaften des Seemanns“. Er veröffentlichte es, nachdem er als junger Mann, als Wissenschaftsnovize, jene legendäre Fahrt zu den Galapagosinseln mitmachte und dabei seine Evolutionstheorie entwickelte. Viele Jahre später und bedeutend älter summierte Darwin am Ende dieses Buches seine Erfahrungen der mehrjährigen Seereise und rät dies:

„... unbedingt sein Glück zu versuchen und auf Reisen zu gehen, wenn möglich über Land, ansonsten: lange zu bleiben. Er kann versichert sein, dass er – allenfalls in seltenen Fällen – keinen derartigen Schwierigkeiten oder Gefahren begegnen wird, wie er sie am Beginn voraussieht.

Unter einem moralischen Gesichtspunkt sollte eine solche Reise ihn gutwillige Geduld lehren, Freiheit von Selbstsucht, die Gewohnheit, für sich selbst zu handeln und aus jedem Geschehnis das Beste zu machen, kurzum: Er sollte die charakteristischen Eigenschaften des Seemanns besitzen.

Reisen sollte ihn auch Misstrauen lehren, aber gleichzeitig wird er entdecken, wie viele wahrhaft gutherzige Menschen es gibt, mit denen er nie zuvor Kontakt hatte und auch nie mehr wieder haben wird und die dennoch bereit sind, ihm die uneigennützigste Hilfe zu gewähren.“

Anlegen.

Im Hellblau des Abendhimmels rosagraue duftige Federwölkchen. Es ist Ende Oktober. Ich stehe auf LEVJE. Antalya liegt vor uns, noch eine Stunde, es müsste reichen, gerade noch eben in den Hafen zu kommen, bevor die Dunkelheit kommt.

Ich habe eben noch mal eine Runde an Deck gedreht. Der Abend ist so wunderbar, so luftig, so duftig, dass ich das Meer noch einmal von jeder Seite erleben will. Ich habe meine warmen Seestiefel an, es ist kühl, jetzt am späten Nachmittag, und der Luxus, warme Füße zu haben, ist mit nichts aufzuwiegen.

Wieder einmal kann ich mich nicht sattsehen an dem, was mich umgibt. Mal gehe ich nach vorne zum Vorstag, wo ich die große Mole des Hafens schon erkennen kann. Stehe lange, halte mich mit einer Hand am Vorstag fest, während LEVJE unter Autopilot unbeirrt nach Norden läuft. Und betrachte, was ich da voraus sehe. Die Frachter, die vor dem Handelshafen von Antalya liegen, in der Ferne wie reglose dicke Käfer, doch alle vom leichten Wind in dieselbe Richtung dirigiert. Mal setze ich mich und schaue hinüber nach Osten, in die Hügel und Bergmassive Lykiens, hinter denen die Sonne gerade den letzten Strahlenfächer auf die graurosa Leinwand der Federwölkchen über mir wirft. Es ist ein

Leuchten am Himmel, ein duftiges Leuchten, das im Herbst auch über den Kanälen Venedigs liegt und das der Marmor der Paläste bereitwillig aufnimmt. Mal schaue ich nach vorn, wo die Stadt, die sich lang, lang gestreckt auf den Klippen ausbreitet, langsam aus dem Meer steigt.

Und langsam im weichen Dunst versinkt. Den ganzen Nachmittag über schob uns eine leichte Brise nach Norden auf unser Ziel, auf Antalya zu. Die Brise kommt aus Südsüdost, von dort, wo Zypern liegt. Alashia, wie es in der Antike hieß: die Kupferinsel. Mal schaue ich nach Osten über den Golf von Antalya, dahin, wo Alanya liegt und wo sich mein Blick in den tausenderlei Hellblautönen von Meer und Himmel verliert. Und wo Weite ist.

Ich betrachte meinen Bootshaken. „Filika Kancasi" nennen ihn die Türken in wortwörtlicher Übersetzung. Noch eine halbe Stunde und dann werde ich ihn zum letzten Mal benötigen auf dieser Reise. Einmal noch, um in Antalya anzulegen.

Jetzt, als die Sonne dabei ist, sich hinter den Bergen Lykiens zu verabschieden, schläft auch der Wind fast ein. Ein, zwei Mal schaue ich nach Südsüdost, dahin, wo er den ganzen Tag herkam, in der Hoffnung, doch noch irgendein Zeichen zu entdecken, dass er sich anders besinnt. Mich doch noch trägt bis vor den Hafen von Antalya.

Den Landfall machen und anlegen: Das ist für jeden Segler am Ende eines Segeltages noch einmal eine Herausforderung. Das Boot sicher in den Hafen bekommen, ja. Aber wie sieht's dort aus im Hafen? Enge Gassen? In denen bei starkem Wind das Boot vertreibt, auf die anderen Boote hintreibt? Der Motor, der während des Anlegemanövers plötzlich aussetzt? Bremsen hat ein Boot keine. Es treibt dann unter Restfahrt irgendwohin, bis es auf die Betonmole oder ein anderes Boot knallt. Eine Grundleine, die sich beim Anlegen um die Schiffsschraube wickelt und den Motor abwürgt, während man halb drin, halb draußen hängt? Das Ansteuern einer Box durch eine enge Gasse, das zwei-, drei-, viermal misslingt, zur Belustigung aller anderen Bootsbesitzer, die schadenfroh von ihren Booten herabblicken? YouTube quillt über, wenn man das Stichwort „Hafenkino" eingibt, von verpatzten Anlegern, missglückten Manövern, Remplern, Kollisionen, dem Geschrei kleiner und großer Kapitäne, den Schwierigkeiten, ein Boot sicher in den Hafen zu bringen. Man hat seine Schwierigkeiten mit der Enge, wenn sie schlagartig wieder ins eigene Leben tritt.

Vielleicht ist das so am Ende einer Segelreise: Wenn die Ufer zu beiden Seiten näher kommen, wieder näher zusammenrücken und die Welt immer enger wird und so lange, bis das Boot wieder eng an eng an den anderen Booten im Hafen liegt, spüre ich zweierlei: Zufriedenheit, mein Boot und mich wieder sicher in den Hafen gebracht zu haben. Eine Last, die von mir abfällt, von mir, weil das Boot nun von Leinen gehalten wird, nicht mehr von mir. Zufriedenheit. Aber auch Trauer, weil meine Reise vorbei ist, das Boot fest liegt. Fest vertäut, fixiert, gehalten in einer Welt, für die es eigentlich nicht gemacht ist. Ein Boot gehört aufs Meer. Ein Boot ist nicht dazu da, um im Hafen zu liegen.

Ich stehe auf und schaue mich um. Alles an seinem Platz, was ich zum Anlegen benötige. Die fünf blauen Fender sind brav wie Fünflinge in Reih und Glied, ordentlich an Backbord an den Seezaun gebändselt. Während der Reise waren sie manchmal wie Zwerge, die mich streng anblickten. Der Bootshaken. Ein Anleger ist immer spannend für den, der ihn fährt.

Langsam passieren wir im schwindenden Licht die ankernden Frachter. Große Brocken sind darunter. Das bedeutet, dass Antalya ein großer Handelshafen sein muss, der erste an der türkischen Küste, seit ich sie ganz im Westen bei Bodrum betrat, und der erste richtige Handelshafen, seit ich Brindisi verließ. Italien: hat alle naselang einen Handelshafen, darin liegt der Reiz seiner Küsten. Griechenland: Wohl wenig, was den Namen „Handel" verdiente, die Häfen dienen hier der

Versorgung. Wir fahren mitten durch die Frachter hindurch, ich kann sie mir genau ansehen, weiß, dass jetzt ein Mann auf der Brücke ist, auf Wache, wie es heißt, aber beschäftigt mit Ladepapieren, IMO-Formularen, Fracht- und Zolldeklarationen, Papierkram. Dinge, die das Land gebiert.

Wir fahren mitten hindurch, die Seekarte auf dem iPad sagt, dass hier lauter große Festmachertonnen im Wasser treiben, an denen sich die Frachter festmachen, also Augen auf. Tatsächlich, die große gelbe da voraus. Mit einem Tastendruck gebe ich auf dem Autopiloten 10 Grad nach Steuerbord ein. LEVJE reagiert träge, ihr Bug wandert langsam nach Steuerbord, näher an die Frachter heran. Die Hafenmole ist da. Große Betonsteine, an die der leichte Südsüdost des Nachmittags immer noch leise platscht. Die Frachter liegen hinter uns, LEVJE gleitet an der Betonmole entlang, ich stelle den Motor auf Leerlauf, lasse LEVJE vor der breiten Nordeinfahrt des Hafens von Antalya treiben. Und auslaufen in einem weiten Halbkreis. Ich berge die Segel. Erst das Vorsegel: Ich werfe die Genua-Schot los, lasse sie aber noch mit einem Törn auf der Winschtrommel liegen. Wenn ich nun an der Reffleine ziehe, rollt sich das Vorsegel schön glatt und eng ein.

Nichts darf hervorstehen. Selbst an diesem stillen Abend ganz ohne Wind drehe ich zum Schluss noch zwei, drei Windungen mehr. Damit das hintere Ende des Vorsegels, das Schothorn, eingewickelt guten Halt hat. Und die Böen es nicht herausholen können, um eine gefährliche Sanduhr zu bilden. Regeln, meine Regeln, die kaum ein anderer versteht.

Sobald ich mit dem Vorsegel fertig bin, öffne ich die Klemme mit der Leine, die das Großsegel ganz oben am Mast festhält. Das Groß fällt rauschend in den Segelsack, den „Lazy Jack“, auf dem Baum. Ich gehe nach vorne an den Mast, hänge das Großfall aus. Dann ziehe ich das knitterig im Lazy Jack liegende Segel glatt. Fange ganz hinten an, halte mich mit dem Ellbogen am Baum, arbeite rückwärts, Falte für Falte ziehe ich glatt, das muss jetzt sauber und gut gestaut sein, der Winter naht.

Als das Segel sauber liegt, ziehe ich den Reißverschluss des Lazy Jack zu. So lief das jeden Abend in den letzten fünf Monaten. So läuft das heute. Es dauert, bis alles fertig ist, zehn Minuten.

Ich gehe zu den Fendern. Befreie einen nach dem anderen aus ihrer Bändselung am Seezaun. Nehme einen Fender, gehe am Seezaun langsam nach vorne, während LEVJE unter Autopilot weiter läuft, trage den Fender nach vorne, knote ihn am Seezaun fest mit einem Webeleinstek. Nur ein Webeleinstek kommt dafür infrage. Wenn man diesen Knoten beherrscht, dauert es nur zwei Sekunden, den Fender zu befestigen. Er geht schnell. Er hält fest. Er ist schnell zu lösen. Aber bis man ihn in allen Lebenslagen beherrscht, den Webeleinstek, bis man ihn wirklich im Schlaf kann, braucht man zwei Jahre. Ein ganz einfacher Knoten. Ich gehe zurück zu den blauen Fünflingen, die jetzt nur noch vier sind. Hole den nächsten und befestige ihn in der Schiffsmitte. Dann den nächsten. Während ich das tue, beobachte ich, was auf dem Wasser passiert: Hält der Autopilot LEVJE auf Kurs? Läuft sie auf ein Hindernis zu? Einen treibenden Baumstamm? Einen Fischer, der mich nicht sieht, weil er nur mit seiner Arbeit, dem Ausbringen der Netze, beschäftigt ist?

Ich öffne die Backskiste, hole meine Festmacher heraus. Leinen, die nur dazu da sind, im Hafen das Boot „festzumachen“. Weil ich schon weiß, dass ich in Antalya rückwärts in eine Box fahren will, lege ich mir einen kurzen Festmacher zurecht und einen langen, für jede Seite am Heck einen. Den kurzen, wenn ich nahe genug mit dem Heck an der Pier bin, um ihn ohne Hektik und Wuhling – was für ein wunderbares Wort für ein Leinengewühl – zu übergeben. Es geht schneller mit einem kurzen Festmacher, dem Boot erst mal Halt zu geben zum Land. Meistens steht jemand da, der die Leine ohne Weiteres gleich annimmt und auf einem Poller vertäut, wenn es schnell gehen muss. Den langen Festmacher brauche ich, falls der nächsterreichbare Poller weiter weg ist. Mit dem langen Festmacher wird das „Leinen übergeben“ aufwendiger, man verliert mit dem Ausgeben, dem Entwirren, dem Durchziehen, dem Zurückgeben, dem wieder Entwirren wertvolle Sekunden, die man als Einhand-Segler braucht. Denn ist man in der Box drin, muss das Boot vorne und hinten mit jeweils zwei Leinen festgemacht werden. Und das gleichzeitig. Um also gerüstet zu sein für alle Eventualitäten: ein langer und ein kurzer Festmacher am Heck.

Jeder Segler hat da seine eigenen Regeln, manchmal sind es schon Marotten.

Mit einem Kopfschlag befestige ich die Festmacher auf den achteren Klampen und führe sie außen um LEVJEs Heckkorb herum wieder ins Cockpit. Ein Geduldsspiel. Ich schieße sie sauber auf, damit sie keine Kinken bilden, „verdrehte Schleifen“, die sich verheddern könnten beim Übergeben und zu Komplikationen führen. Anlegen: Es muss schnell gehen. Es muss glattgehen.

Dann schaue ich mich um: Die fünf Fender sind in Position, die beiden Festmacher achtern auch, der Bootshaken liegt griffbereit. Alles ist „Shipshape“, sieht aus, wie es sein soll. Wir sind bereit.

Ich lege den Gang ein, steuere LEVJE langsam auf der Innenseite des breiten Beckens nach Südosten. Der Yachthafen von Antalya: Er liegt eine halbe Stunde vor den Stadtgrenzen, mitten drin im Handelshafen, man hört das Rumpeln eines Ladekrans, der einen Frachter entlädt, hört die jaulenden Signale, wenn Kräne, Gabelstapler, LKWs plötzlich rückwärts fahren. Ein Rumpeln, ein Poltern, ein Jaulen in der Einsamkeit vor den lykischen Bergen.

LEVJE gleitet in langsamer Fahrt durch das ruhige Wasser, ich höre das leise Plätschern ihrer Bugwelle. Da hinten muss er sein, der Yachthafen, man sieht Masten aufragen, also weiter nach rechts, eine Steinmole mit hölzerner Badeplattform drauf, eine luxuriöse Badeanstalt zum Schwimmen mitten zwischen den Frachtern des Handelshafens. Eine Steinmole mit einer grünen Bake darauf, die langsam in der Dämmerung ein grünes Blinksignal schickt. Um die Mole herum, ich nehme Fahrt aus dem Schiff, der Yachthafen liegt vor mir, kein Mensch an diesem Oktoberabend, als ich LEVJE langsam auslaufen lasse, langsam hineingleiten lasse, näher heran an die Pier, die vor mir liegt, mit Segelbooten, Motoryachten. Alles leer. Alles still. Bis auf die Geräusche aus dem Handelshafen.

Ein Schlauchboot hält auf mich zu. Ein Mann mit weißem Shirt am Steuer, wohl ein Angestellter der Marina, ein „Marinero", er winkt mir zu. Ein kurzer Wortwechsel, woher, wohin und dass ich ihm folgen möge. Er fährt langsam voraus, auf den rechten Steg zu, deutet auf eine Lücke zwischen den Booten. Ich schaue kurz zur Lücke, dann aus Gewohnheit den Mast hinauf zum Verklicker, woher der Wind weht, ein kurzer Blick rundum, alles frei. Ich lege hart Ruder, sodass LEVJE jetzt mit dem Heck in die Gasse vor der Lücke zeigt. Lege den Rückwärtsgang ein. Wie immer kann ich bis 15 zählen, bis LEVJE Fahrt nach achtern auf die Gasse zu aufnimmt. Der Faltpropeller ist bei Rückwärtsfahrt kein Bringer. Dann nimmt mein Schiff langsam, ganz langsam Fahrt auf, läuft rückwärts in die Gasse.

Die Pinne entwickelt Leben, jetzt bei Rückwärtsfahrt, sie zerrt und drückt und schiebt. Ganz fest muss ich sie halten jetzt, damit sie mir nicht aus der Hand springt, ich lege Ruder auf die Lücke zu, die Pinne zerrt in meiner Hand urplötzlich noch mehr in die Richtung, aber ich lasse es nicht zu.

LEVJE läuft im Bogen genau auf die Lücke zu, wir fahren genau mittig in die Lücke ein, der Mann im weißen Shirt steht schon auf der Pier und wartet, bis LEVJEs Heck dann fast bei ihm ist. Ich stoppe LEVJE auf, werfe ihm erst die kurze Leine zu. Dann die lange. Hole dann mit dem Bootshaken die Grundleine, die er schnell in der Hand hält. Hole sie im Laufen zum Bug vom Boden des Hafens herauf, wo sie wer weiß wie lang vergessen lag. Hole sie aus ihrem Schlaf samt dem, was an ihr haftet, dem Hafenschlamm, dem Grünzeug, Entenmuscheln, die feist an ihr kleben.

All das habe ich an meinen Händen, während ich langsam nach vorne gehe, den Geruch von Salz und Jod und Meer, von Hafenschlick und Hafenschlamm, von Fischlaich und Moder, von Vergangenheit und früherem Leben. Ein Zug mit aller Kraft über die Klampe, drei Törns mit der Grundleine darüber: Dann ist auch der Bug fest.

Ich schaue mich um. LEVJE ist fest. Der Marinero nickt. Wir sind da: Antalya.

Thomas Käsbohrer an Bord von LEVJE

Nautisches Wörterbuch.

A

abfallen – Kursänderung eines Schiffes nach Lee (weg vom Wind)

achtern – hinten

achterlich – von hinten kommend achtern – hinten

Autopilot → Navigation

B

Backbord – die linke Seite eines Schiffs vom Heck zum Bug gesehen

Backskiste – Kasten in einer Sitzbank zum Verstauen von Gegenständen

Bändsel – dünnes und kurzes Ende zum Befestigen

Baum – eine → Spiere, die beweglich am Mast befestigt ist und ein Segel hält, z. B. das → Groß am Großbaum. Der Baum kann aus Aluminium oder Holz gefertigt sein

beidrehen – Manöver, um das Boot so zu legen, dass es möglichst wenig Fahrt voraus macht. Man dreht bei, um stürmisches Wetter oder hohem Wellengang abzuwettern. Durch das Beidrehen wird eine möglichst ruhige Lage des Schiffes erreicht. Das Boot driftet dabei nach → Lee belegen – ein Ende (Tau), auf welchem Zug steht, an einem Teil des Fahrzeugs oder an Land festmachen

Bilge – Raum unter den Bodenbrettern, in dem sich alles Wasser sammelt, das von außen ins Schiff eingedrungen ist oder unter Deck verschüttet wird

Bug – vorderes Ende eines Schiffes

Bugbeschlag – Stahlbeschlag am → Bug, an dem → Vorstage und Segel befestigt werden

Bugkorb – Reling aus Stahl am → Bug zur Sicherung beim Segelsetzen

C

Cockpit – der im hinteren Teil des Bootes liegende offene Sitzraum

D

dichtholen – Durchsetzen, Anziehen einer Schot, mit der das Segel bedient wird

Dingi (auch: Dinghi) – kleines Beiboot

driften – treiben, abtreiben

dümpeln – unregelmäßiges Geschaukel bei Windstille oder am Ankerplatz

Dünung – Wellenbewegung des Wassers, die von einem nachlassenden oder nicht mehr vorhandenen Wind hervorgerufen wurde

F

Fall – (Kunststoff-)Tauwerk oder Stahlseil zum Setzen eines Segels

Fender – aus Kunststoff, Gummi oder Faser hergestellter, mit (Press) Luft aufgepumpter weicher Ball, der die Außenhaut eines Schiffes vor Beschädigung durch andere Schiffe, die Hafenmauer oder → Pier schützt

Festmacher – Leine zum Festmachen des Bootes

fieren – ein Ende (Leine, Tau) nachgeben, nachlassen

Fock – bei kleinen Segelbooten, die nur einen Mast besitzen, gewöhnlich dreieckiges Vorsegel, das vor dem Mast steht

G

gegenan – hart ankämpfen gegen See und Wind

Genua – großes und leichtes Vorsegel, das bei schwachem Wind gesetzt wird

Groß – Großsegel

Großfall – Fall zum Setzen des Großsegels

Großmast – der Hauptmast eines Bootes

Großschot – Ende (Leine) zum Halten (Einstellen) des → Baums und damit des Segels

Großsegel – auf einer Yacht das am → Großmast gesetzte Segel

H

Halse – Segelmanöver, bei dem man vor dem Wind wendet (auf den anderen Bug geht)

Heck – der hintere Teil eines Bootes

hoch am Wind segeln – ein Boot im spitzen Winkel gegen die Windrichtung segeln lassen, in der Regel 40 bis 50 Grad

J

Jolle – kleines, offenes Segelboot

K

Kai – befestigte Anlegestelle für Schiffe

Kajüte – der geschlossene Wohn- und Schlafraum unter Deck

Kajütschott – Kajüttür, die das Eindringen von Wasser verhindert und abschließbar ist. Verriegelt den Eingang zur Kajüte

killen – Flattern des Segels

Kiel – unterer Bereich eines Schiffes, fest mittschiffs längsseitig im Boden befestigt. Dient der Stabilisierung des Rumpfes, verhindert das seitliche Abdriften und verhindert mit seinem beträchtlichen Eigengewicht das Kentern
Klampe – Beschlag zum Belegen eines Endes oder Falls
klarmachen – ordnen, entwirren, bereit machen
Knoten – Maßeinheit für die Geschwindigkeit eines Schiffes oder des Windes, angegeben in zurückgelegten Seemeilen (1 Knoten (kn) = Seemeile/Stunde = 1.852 Meter pro Stunde)
Koje – fest eingebauter Schlafplatz an Bord
krängen – seitliche Neigung eines Schiffes unter Wind- und Welleneinfluss

L

längsseits – an der Seite des Schiffes: längsseitsgehen, -liegen
Landfall – das Erreichen der Küste nach einer längeren Seereise
Lee – Richtung, in die der Wind weht
Leine – Sammelbezeichnung für alle Arten von Tauwerk an Bord
Luk – verschließbare Öffnung an Deck eines Schiffes

N

Niedergang – der Zugang zum Inneren einer Yacht

P

Peilung – Richtungsbestimmung, bei der der Winkel zwischen dem gepeilten Objekt und einer Bezugsrichtung (Himmelsrichtung) gemessen wird
Persenning – wasserfeste Abdeckplane und Abdeckung für ein Schiff
Pier – Anlegeplatz für Schiffe

Pinne – in der Regel eine Holzstange, mit der das → Ruder von Hand bedient wird
Plicht – auch: → Cockpit

Q

querab – Richtung rechtwinklig zur Längsschiffrichtung

R

raumer Wind – Wind, der in bezug auf die Kursrichtung eines Fahrzeugs so gedreht hat, dass er mehr von → achtern, also schräg von hinten, einfällt
raumschots – ein Kurs in bezug auf die Kursrichtung eines Schiffes bei → raumem Wind, also schräg von hinten
reffen – die Segelfläche durch Rollen oder Falten des/der Segel(s) verkleinern
Rettungsinsel – Schlauchboot mit Zeltdach, das verpackt an Deck befestigt ist und sich nach Betätigung einer Reißleine selbstständig aufblasen kann
Rigg – die gesamte → Takelage, d. h. Mast, → Stage und Wanten einschließlich des beweglichen Tauwerks
Ruder – Steuer eines Bootes
Ruderblatt – der Teil des → Ruders, der als Holz- oder Metallplatte gegen den Wasserdruck wirkt
Rumpf – Bootskörper

S

Schapp – kleines Fach im Boot
Schot – Leine, die ein Segel hält und mit deren Hilfe das Segel bedient und getrimmt wird
Schott – Zwischenwand im Schiff
Schwell – Dünung, die in einen Hafen hineinläuft oder durch vorbeifahrende Schiffe entsteht
Seegang – die durch den herrschenden Wind oder durch Dünung aus anderen Seegebieten erzeugten Wellen

Seehandbuch – amtliches Handbuch mit Beschreibung der verschiedenen Küsten, Küstengewässer und Häfen

Seekarte – Karte, auf der die Wassertiefe, die Beschaffenheit des Meeresgrunds (Felsen, Untiefen etc.) sowie Küsten, Seezeichen oder Fahrrinnen dargestellt ist

Seemeile – Abkürzung: sm. Eine Bogenminute (= 1/60 Breitengrad) auf dem Gradsystem der Erde = 1,852 km

Skipper – Kapitän einer Yacht

Sprayhood – Halbverdeck/Stoffabdeckung über dem Zugang zum Inneren einer Yacht. Die Sprayhood wird an einem Metallrahmen befestigt und enthält häufig ein Sichtfenster aus PVC-Folie

Stag – Stahlseil zum Abstützen des Mastes

Steckschott – eine Tür, die eingesteckt wird, um den Eingang zur → Kajüte wasserdicht und einbruchsicher zu schließen

Steuerbord – rechte Seite eines Bootes in Fahrtrichtung

T

Takelage – Mast, → Baum und alles bewegliche und nicht bewegliche Gut, welches notwendig ist, um Mast und Segel zu halten

Trimm (der Segel) – Stellung der Segel zum Wind

trimmen (der Segel) – die Segel in ihre bestmögliche Stellung zum Wind bringen

V

Verholen – ein Boot entweder schleppen oder von Hand mit einer Leine ziehen, also nicht mit dessen eigener Kraft an eine andere Stelle bewegen

Verklicker – Windrichtungsanzeiger auf dem Mast

Vorstag – das → Stag (Stahlseil), das den Mast von vorne, also vom → Bugbeschlag aus hält

W

Want(en) – Stahltauwerk zum seitlichen Abstützen des Masts

Wende – Kursänderung, bei der das Boot mit dem Bug durch den Wind dreht und die Segel auf die andere Seite übergehen

Winsch – eine Seilwinde, die dazu dient, größere Zugkräfte der Schoten aufzunehmen

Impressum.

Postanschrift: Nymphenburger Straße 101, D-80636 München.
Geschäftsleitungssitz: Osterseenstraße 10 B, D-82393 Iffeldorf.
Web: www.millemari.de Mail: info@millemari.de

Autor: Thomas Käsbohrer – marepiu.blogspot.com
Lektorat: Susanne Guidera – www.concepts4u.de
Layout: Wolfgang Appun – bora-dtp.
Susanne Guidera – www.concepts4u.de
Coverbild: Thomas Käsbohrer.
Knotenbilder: © Shutterstock
Karten: © d-maps.com / Wolfgang Appun

Paperback: 978-3-946014-22-5
Hardcover: 978-3-946014-28-7
ePub: 978-3-946014-20-1

millemari.

Von einer Insel,
ihren Menschen
und dem Meer.

Thomas Käsbohrer
Ein Sommer lang Sizilien.
In der einen Hand die Pinne.
In der anderen das Eis.
256 Seiten
ISBN 978-3-946014-97-3
19,95 €

Ein poetischer Film
über eine Reise durchs
Mittelmeer.

Thomas Käsbohrer
Einmal München - Antalya, bitte. Der Film
Eine sinnlich-poetische Reise
mit einem kleinen Boot.
DVD, 60 Minuten HD
ISBN 978-3-946014-29-4
24,99 €

millemari.